미리 보고 개념 잡는 초등

맞춤법

이재승, 국혜영 지음

Mirae N 아이세움

차례

한글 맞춤법 이렇게 지도해요

초등학교에 입학하고 나서 받아쓰기를 시작하지요? 받아쓰기, 어떻게 생각하세요?
정기적으로 보는 받아쓰기 때문에 부모님께서는 아이들을 공부시키느라 힘들고, 아이들은 이해되지 않는 맞춤법을 외우느라 힘들고……. 이래저래 힘들지 않으세요?
맞춤법을 제대로 알면 받아쓰기도 참 쉬울 텐데 어떻게 해야 우리 아이들이 맞춤법을 쉽게 익힐 수 있을까요?

✅ 첫째, 글자와 발음이 다르다는 것을 이해해야 합니다.

한글 맞춤법 총칙의 제1항에는 '한글 맞춤법은 표준어를 소리대로 적되, 어법에 맞도록 함을 원칙으로 한다.'라고 규정하고 있습니다. 이를 살펴보면 우리 한글은 소리 나는 대로, 표준어 발음대로 적는 것을 원칙으로 한다는 것을 알 수 있습니다. 그런데 어법에 맞도록 한다는 것이 무슨 뜻일까요? 상황에 따라 발음이 바뀌는 경우 각 형태소의 본 모양을 밝히어 적는다는 것을 말합니다. 그러므로 글자와 발음이 다른 경우가 종종 생기는 것입니다. 우리 아이들이 글자를 쓸 때 이것을 알아야 합니다.

✅ 둘째, 다양한 예를 통해 맞춤법을 이해해야 합니다.

우리 아이들은 맞춤법을 자칫 외워야 하는 지루하고 따분한 공부로 여길 수 있습니다. 그러나 맞춤법에는 과학적인 규칙이 존재합니다.
예를 들어, '해돋이'와 '굳이'를 살펴볼까요? 두 낱말의 공통점을 찾으셨나요?

해돋이 → [해도지]	굳이 → [구지]

두 낱말 모두 받침 'ㄷ'이 'ㅣ'를 만나 'ㅈ'으로 발음되는 규칙을 가지고 있습니다.

우리 아이들에게 이렇게 비슷한 규칙을 가진 낱말을 예로 보여 주고, 규칙을 이해하도록 한다면 더 재미있게 맞춤법을 익힐 수 있을 것입니다. 물론 우리 아이들이 발음 규칙을 초등학생 때부터 완벽하게 이해할 필요는 없습니다.

그래서 이 책에서는 다양한 예를 통해 맞춤법의 여러 규칙을 아이들의 수준에서 이해할 수 있도록 단순하고 명확하게 구성하였습니다.

☑ 셋째, 맞춤법을 공부하는 이유가 무엇인지 이해해야 합니다.

맞춤법을 공부하는 이유는 받아쓰기를 잘하기 위해서가 아닙니다. 맞춤법 지식을 늘리기 위해서도 아닙니다. 맞춤법을 공부하는 이유는 자기 생각을 말이나 글로 분명하게 표현하기 위해서입니다. 이런 점을 생각할 때 맞춤법은 글쓰기와 함께 지도되어야 합니다. 우리 아이들이 학습한 맞춤법을 바로 글쓰기에 활용할 수 있도록 도와주는 것이 중요합니다.

그래서 이 책에서는 학교에서 글을 쓸 때 아이들이 자주 사용하는 어휘를 중심으로 맞춤법을 익히고, 활용할 수 있도록 구성하였습니다.

한글 맞춤법은 참 중요합니다. 그러나 이를 익히는 것은 참 어렵습니다. 평소 책을 읽으면서, 국어 교과서를 보면서 어려운 낱말을 한 번 더 주의하여 살펴볼 수 있도록 지도한다면 우리 아이들은 쉽고 재미있게 맞춤법을 익히게 될 것입니다.

차례차례 따라 하면 맞춤법 백 점!

1. 낱말의 기본 형태를 파악해요!

• 각 단원에서 배울 맞춤법 개념을 확인하고
낱말의 소리와 기본 형태를 파악합니다.

2. 재미있는 활동으로 자연스럽게 학습해요!

• 맞춤법은 쓰기와 읽기에 대한 일정한 규칙입니다. 이 규칙만 바르게 깨치면 모르는 낱말도
제대로 이해하고 활용할 수 있습니다.

• 예외가 적용되는 낱말들, 헷갈리는 낱말들은 다양한 활동을 통해 뜻을 구분해 익힙니다.

• 다양한 활동을 통해 바르게 낱말을 써 보면서 재미있게 기억할 수 있습니다.

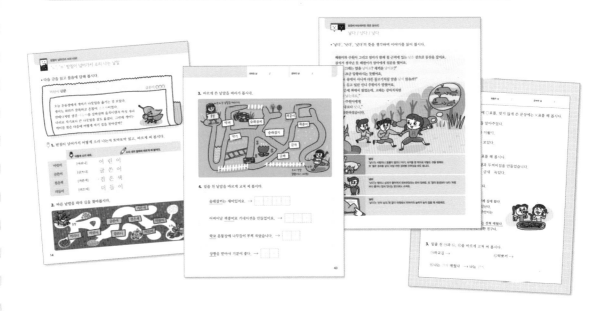

1

깨치는 맞춤법

- **꽃이** 피었어요. → [**꼬치**]
- **꽃놀이**를 가요. → [**꼰노리**]
- **꽃다발**이 예쁘네요. → [**꼳따발**]

'꽃'이라는 낱말을 보세요. 똑같은 '꽃'인데 어떻게 쓰이느냐에 따라 발음이 달라지지요? 만약 '꼬치', '꼰노리', '꼳따발' 이렇게 소리 나는 대로 적으면 글을 읽을 때 어떤 낱말인지 한눈에 이해하기 어려워요. 그래서 소리 나는 대로 적지 않고, '꽃'이라고 적는답니다. 이처럼 〈한글 맞춤법〉에서는 뜻이 잘 드러나게 하기 위해 하나의 기본 형태를 정해 쓰도록 약속했습니다. 이 약속을 바르게 알고 글을 써야 해요. 물론 소리 나는 대로 적어도 맞는 글자가 더 많으니 너무 걱정 마세요.

왜 소리 나는 대로 쓰면 안 될까요?

이게 정말 내 동생이 쓴 일기란 말인가!

친구 찬이와 함께 노리터에서 그림자노리를 했다.
각자의 그림자를 먼저 밤는 사람이 이기는 노리다.
찬이가 내 그림자를 발봤다. 그래서 찬이가 이겼다.
우리는 깔깔 우섰다.

형, 나 일기 잘 썼지?

여기 고쳐라. 이렇게 써야 맞아.

노리터→놀이터
그림자노리→그림자놀이
밤는→밟는
발봤다→밟았다
우섰다→웃있다

난 소리 나는 대로 잘 썼는데?

소리와 글자가 다를 수도 있거든. 잘 쓰지 않으면 다른 사람이 이해하지 못해.

다음날

맞춤법을 잘 살펴 쓰세요.

받침이 넘어가서 소리 나요!

 받침이 있는 말 뒤에 'ㅏ, ㅑ, ㅓ, ㅕ……' 같은 모음으로 시작하는 말이 오면, 앞의 말 끝소리에 쓰인 받침의 소리가 뒤에 오는 말 첫소리 자리로 넘어가서 소리가 나요.

'ㄱ' 받침이 넘어가는 경우

악어 [아거]   속옷 [소·곧]   목욕 [모굑]   목요일 [모교일]
국어 [구거]   먹이 [머기]

문장 속에서 'ㄱ' 받침이 넘어가는 경우

• 국이 짜요. → [구기] 짜요.
• 공책에 글씨를 씁니다. → [공채게] 글씨를 씁니다.
• 맛있는 수박을 먹었다. → 맛있는 [수바글] 먹었다.

'ㄹ' 받침이 넘어가는 경우

얼음 [어름]   놀이터 [노리터]   일요일 [이료일]
할아버지 [하라버지]   걸음 [거름]   나들이 [나드리]

문장 속에서 'ㄹ' 받침이 넘어가는 경우

• 저기 보이는 궁궐이 경복궁이야.
  → 저기 보이는 [궁궈리] 경복궁이야.
• 발에 상처가 났다. → [바레] 상처가 났다.
• 부모님과 동굴에 갔습니다. → 부모님과 [동구레] 갔습니다.

'ㄴ', 'ㅁ' 받침이 넘어가는 경우

어린이 [어리니]   글쓴이 [글쓰니]   검은색 [거믄색]
더듬이 [더드미]   선인장 [서닌장]
넘어졌습니다 [너머저씀니다]

문장 속에서 'ㄴ', 'ㅁ' 받침이 넘어가는 경우

• 나는 커서 경찰관이 되고 싶어요.
  → 나는 커서 [경찰과니] 되고 싶어요.
• 십 원이 열 개 모이면 백 원입니다.
  → 십 [워니] 열 개 모이면 백 원입니다.
• 그림을 그렸습니다. → [그리믈] 그렸습니다.
• 감을 땄습니다. → [가믈] 땄습니다.

'ㅂ', 'ㅅ' 받침이 넘어가는 경우

잡아요 [자바요]   접어요 [저버요]   벗어요 [버서요]
웃어요 [우서요]   손잡이 [손자비]   씻어요 [씨서요]

문장 속에서 'ㅂ', 'ㅅ' 받침이 넘어가는 경우

• 지갑에 돈이 들어 있습니다. → [지가베] 돈이 들어 있습니다.
• 날이 추우니 장갑을 껴라. → 날이 추우니 [장가블] 껴라.
• 붓을 샀다. → [부슬] 샀다.
• 아빠가 못을 박았습니다. → 아빠가 [모슬] 박았습니다.

받침이 넘어가서 소리 나요!

'ㄱ' 받침이 넘어가서 소리 나는 낱말

★ 다음 글을 읽고 물음에 답해 봅시다.

악어가 목요일에 목욕을 해요.
속옷을 훌라당 벗고요. 아이, 부끄러워!

🎤 **1.** 'ㄱ' 받침이 넘어가서 어떻게 소리 나는지 또박또박 읽고, 바르게 써 봅시다.

	🎤 이렇게 소리 내요.	✏️ 소리 내어 말하며 바르게 써 봅시다.		
악어	[아거]	악	어	
속옷	[소ː곧]	속	옷	
목욕	[모굑]	목	욕	
목요일	[모교일]	목	요	일

ː은 길게 소리 내라는 표시예요.

2. 그림을 보고 빈칸에 바르게 낱말을 써 봅시다.

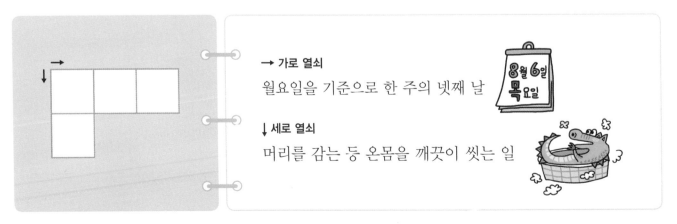

→ **가로 열쇠**
월요일을 기준으로 한 주의 넷째 날

↓ **세로 열쇠**
머리를 감는 등 온몸을 깨끗이 씻는 일

3. 낱말이 바르게 적힌 칸을 모두 색칠해 보고, 무엇이 되는지 빈칸에 적어 봅시다.

	모곡	모욕
악어		
악어	아거	
		목욕
속옷	목요일	
		모교일
소곳	목욜	속올

답:

4. 바른 낱말을 찾아 ○표를 하고, 문장을 완성해 봅시다.

	악어		가 춤을 추어요.
	아거		
	소곳	새	을 입어요.
	속옷		
	모곡	쓱싹쓱싹	은 신이 나요.
	목욕		
	목요일		은 내 생일이에요.
	모교일		
	구거	호랑이가	공부를 해요.
	국어		
	먹이	돌고래가	를 먹어요.
	머기		

'ㄹ' 받침이 넘어가서 소리 나는 낱말

★ 다음 글을 읽고 물음에 답해 봅시다.

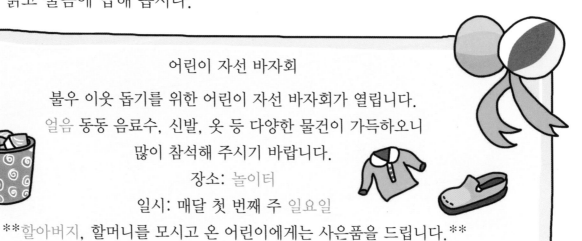

어린이 자선 바자회

불우 이웃 돕기를 위한 어린이 자선 바자회가 열립니다.
얼음 동동 음료수, 신발, 옷 등 다양한 물건이 가득하오니
많이 참석해 주시기 바랍니다.
장소: 놀이터
일시: 매달 첫 번째 주 일요일
할아버지, 할머니를 모시고 온 어린이에게는 사은품을 드립니다.

1. 'ㄹ' 받침이 넘어가서 어떻게 소리 나는지 또박또박 읽고, 바르게 써 봅시다.

	🎤 이렇게 소리 내요.	✏️ 소리 내어 말하며 바르게 써 봅시다.
얼음	[어름]	얼 음
놀이터	[노리터]	놀 이 터
일요일	[이료일]	일 요 일
할아버지	[하라버지]	할 아 버 지

2. 길을 따라가 보고, 바른 낱말을 쓴 친구를 찾아 ○표를 해 봅시다.

노리터

얼음

이료일

하라버지

3. 그림을 보고 바른 낱말을 찾아 색칠해 봅시다.

어름	얼음

할아버지	하라버지

4. 틀린 낱말을 찾아 ✕표를 하고, □ 안에 바른 낱말을 써 봅시다.

1) ~~어름~~이 차가워요. →

2) 노리터에서 만나자. →

3) 이번 주 이료일에 동물원에 갈 거예요. →

4) 우리 하라버지는 배가 볼록해요. →

5) 거름아, 나 살려라! →

6) 엄마랑 시장 나드리 가요. →

'ㄴ', 'ㅁ' 받침이 넘어가서 소리 나는 낱말

★ 다음 글을 읽고 물음에 답해 봅시다.

어린이 신문

글쓴이 ○○○

오늘 운동장에서 개미가 나뭇잎을 옮기는 걸 보았다.
개미는 허리가 잘록하고 온몸이 검은색이었다.
안테나처럼 생긴 더듬이를 살짝살짝 움직이면서 여섯 개의
다리로 자기보다 큰 나뭇잎을 잘도 옮겼다. 그런데 개미는
먹이를 찾은 다음에 어떻게 자기 집을 찾아갈까?

1. 받침이 넘어가서 어떻게 소리 나는지 또박또박 읽고, 바르게 써 봅시다.

	🎙 이렇게 소리 내요.	✏ 소리 내어 말하며 바르게 써 봅시다.		
어린이	[어리니]	어	린	이
글쓴이	[글쓰니]	글	쓴	이
검은색	[거믄색]	검	은	색
더듬이	[더드미]	더	듬	이

2. 바른 낱말을 따라 길을 찾아봅시다.

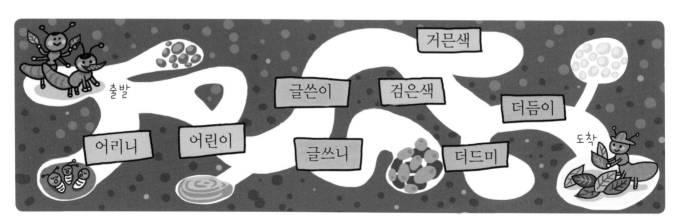

3. 그림에 알맞은 낱말을 찾아 선으로 이어 봅시다.

   •

          •   • 거믄색
          • 검은색

   •

          •   • 어린이
          • 어리니

4. 밑줄 친 낱말을 바르게 고쳐 써 봅시다.

	거믄색으로 자동차를 색칠했습니다.	→
	책의 표지를 보면 글쓰니를 알 수 있어요.	→
	어리니는 우리의 미래입니다.	→
	개미는 더드미로 길을 찾아요.	→
	서닌장 가시가 뾰족뾰족해요.	→
	복도에서 뛰다가 너머졌습니다.	→

'ㅂ', 'ㅅ' 받침이 넘어가서 소리 나는 낱말

★ 다음 글을 읽고 물음에 답해 봅시다.

현장 체험 학습 안내문

○월 ○일
현장 체험 학습을
떠납니다.
우리 모두 규칙을
꼭 지키기로 약속해요.

이동할 때는 짝꿍 손을 꼭 잡아요.

돗자리를 사용한 후에는 잊지 말고 꼭 접어요.

날씨가 쌀쌀할 때는 점퍼를 입고, 더울 때는 벗어요.

사진을 찍을 때는 활짝 웃어요.

1. 받침이 넘어가서 어떻게 소리 나는지 또박또박 읽고, 바르게 써 봅시다.

	이렇게 소리 내요.				소리 내어 말하며 바르게 써 봅시다.
잡아요	[자바요]	잡	아	요	
접어요	[저버요]	접	어	요	
벗어요	[버서요]	벗	어	요	
웃어요	[우서요]	웃	어	요	

2. 문패에 바르게 쓰여진 낱말을 찾아 ○표를 해 봅시다.

잡아요

자바요

저버요

접어요

버서요

벗어요

웃어요

우서요

3. 그림을 보고 에서 알맞은 낱말을 골라 빈칸에 써 봅시다.

보기   우서요   웃어요   벗어요   버서요

4. □ 안의 낱말을 바르게 고쳐 써 봅시다.

1) 비가 그치면 우산을 저버요 .

→ 비가 그치면 우산을 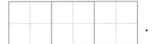 .

2) 사진을 찍을 때는 '김치'하며 우서요 .

→ 사진을 찍을 때는 '김치'하며 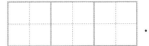 .

3) 땀이 나면 모자를 버서요 .

→ 땀이 나면 모자를 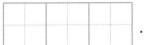 .

4) 버스 안에서는 손자비 를 꼭 자바요 .

→ 버스 안에서는  를 꼭 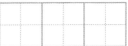 .

5) 식사를 하기 전에 손을 씨서요 .

→ 식사를 하기 전에 손을 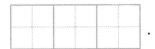 .

★ 수영이가 쓴 글을 읽고 물음에 답해 봅시다.[1~3]

수영이는 오늘 학교에서 있었던 일을 부모님께 말씀드렸습니다.
"엄마, 오늘 학교에서 ㉠모곡을 자주 해야 한다고 배웠어요. 몸을 깨끗이 ㉡씨서야
병에 잘 걸리지 않는대요."
"맞아, 더운 여름엔 자주 샤워를 해야 해."
"아까 ㉢노리터에서 놀 때도 땀 많이 났는데, 잘 씻어야겠어요."
수영이는 점심시간에 있었던 일도 말씀드렸습니다.
"신나게 그네를 타다가 그만 친구랑 부딪혀서 ㉣너머졌어요. 그래서 친구에게
사과했어요."
엄마는 친구에게 사과한 수영이가 착하다며 칭찬해 주셨습니다.

1. 수영이가 학교에서 한 일을 모두 찾아 ○표를 해 봅시다.

2. 밑줄 친 ㉠과 ㉡을 바르게 고쳐 써 봅시다.

㉠모곡 →   ㉡씨서야 →

3. 밑줄 친 ㉢과 ㉣을 바르게 고쳐 쓴 것을 2개를 골라 봅시다. (,   )

① ㉢노리터 → 놀이터   ② ㉢노리터 → 놀리터
③ ㉣너머졌어요. → 넘어졌어요.   ④ ㉣너머졌어요. → 넘머졌어요.

서로 닮아 가며 소리 나요!

 앞 글자의 끝 자음이 뒷 글자의 첫소리 자음과 만날 때, 어느 한쪽이 다른 쪽을 닮아서 비슷하거나 같은 소리로 바뀌게 됩니다. 양쪽이 서로 다 바뀌는 경우도 있지요.

'ㄴ'으로 소리 나는 낱말	
공룡 [공ː뇽]　정류장 [정뉴장]　음료수 [음ː뇨수] 승리 [승니]　종류 [종ː뉴]　담력 [담ː녁]	• 우리 모두 방법을 궁리해 봐요. 　→ 우리 모두 방법을 [궁니]해 봐요. • 네 장래 희망은 뭐니? → 내 [장내] 희망은 뭐니? • 대통령이 되고 싶습니다. → [대ː통녕]이 되고 싶습니다.

'ㄹ'로 소리 나는 낱말	
설날 [설ː랄]　물놀이 [물로리]　줄넘기 [줄럼끼] 난로 [날ː로]　편리 [펼리]　진료 [질ː료]	• 이러면 곤란해요. → 이러면 [골ː란]해요. • 내 동생은 잘난 척이 심하다. 　→ 내 동생은 [잘란] 척이 심하다. • 예쁜 달님이 떴습니다. → 예쁜 [달림]이 떴습니다.

'ㅁ'으로 소리 나는 낱말	
밥물 [밤물]　입맛 [임맏]　압력솥 [암녁쏟] 입는 [임는]　앞마당 [암마당]　앞문 [암문]	• 병아리가 어미 닭을 따라갑니다. 　→ 병아리가 어미 닭을 [따라감니다]. • 은혜를 갚는 순간을 기다렸습니다. 　→ 은혜를 [감는] 순간을 기다렸습니다. • 앞머리를 예쁘게 잘랐습니다. 　→ [암머리]를 예쁘게 잘랐습니다.

'ㅇ'으로 소리 나는 낱말	
식물 [싱물]　학년 [항년]　막내 [망내] 식목일 [싱모길]　먹는다 [멍는다]　폭력 [퐁녁]	• 언니가 머리를 묶는다. → 언니가 머리를 [뭉는다]. • 국물 맛이 참 좋다. → [궁물] 맛이 참 좋다. • 친구와 목마를 탔습니다. → 친구와 [몽마]를 탔습니다.

'ㄴ'으로 소리 나는 낱말

★ 다음 글을 읽고 물음에 답해 봅시다.

> 3월 2일 수요일   날씨: 봄인데 쌀쌀하다.
>
> 제목: 내 생일
>
> 기다리고 기다리던 내 생일. 생일 선물로 공룡 인형을 받았다. 엄마는 정류장 옆
> 슈퍼에서 음료수도 사 주셨다. 그런데 감기에 걸려 계속 콧물이 나서 병원에 갔다.
> 주사가 무서웠지만 눈을 꼭 감고 주사를 맞았다. 엄마가
> "우리 지민이 담력이 세졌구나!"
> 하며 칭찬해 주셨다. 칭찬을 들으니 기분이 좋았다.

1. 어떻게 소리 나는지 또박또박 읽고, 바르게 써 봅시다.

	🎤 이렇게 소리 내요.	✏️ 소리 내어 말하며 바르게 써 봅시다.	
공룡	[공ː뇽]	공 룡	
정류장	[정뉴장]	정 류 장	
음료수	[음ː뇨수]	음 료 수	
담력	[담ː녁]	담 력	

2. 문제를 읽고 알맞은 낱말을 골라 ○표를 해 봅시다.

1) 특정한 시기에 지구에 살았던 거대한 파충류를 무엇이라고 하나요?

　　① 곤룡　　② 공룡　　③ 공뇽

2) 버스가 사람을 내려 주거나 태워 주기 위해 잠깐 서는 장소를 무엇이라고 하나요?

　　① 정류장　　② 정뉴장　　③ 전뉴장

3) 겁이 없고 용감한 기운을 가진 사람에게 '○○이 세다.'라고 말합니다.

　　① 담녁　　② 담력　　③ 담녕

3. 그림을 보고 빈 곳에 알맞은 자음을 써 봅시다.

고	ㅎ

장난감!

저	ㅠ	장

에서 버스를 타요.

4. 빈칸에 들어갈 알맞은 낱말을 찾아 선으로 이어 봅시다.

│ │ │를 많이 마셔서
충치가 생겼어요.

• 음료수

• 음뇨수

이렇게 무서운 놀이기구를 타다니
너는 │ │이 참 세구나!

• 담녁

• 담력

축구 경기에서
우리 반이 │ │했어요.

• 승니

• 승리

아이스크림의 │ │가
너무 많아요.

• 종뉴

• 종류

'르'로 소리 나는 낱말

★ 윤아가 수철이에게 쪽지를 썼습니다. 윤아가 쓴 쪽지를 읽고 물음에 답해 봅시다.

> 수철 오빠에게
>
> 오빠! 그동안 잘 지냈어? 지난 설날에 할머니 댁에 가서 세배도 하고,
> 난로에 고구마도 구워 먹고 너무 재미있어. 다음번에 만나면
> 같이 줄넘기도 하고, 물놀이도 하자.
> 오빠, 다음에 만날 때까지 잘 지내.
>
>
>
> 4월 13일 목요일
> 윤아가

1. 어떻게 소리 나는지 또박또박 읽고, 바르게 써 봅시다.

	🎙 이렇게 소리 내요.		✏️ 소리 내어 말하며 바르게 써 봅시다.
설날	[설ː랄]	설 날	
난로	[날ː로]	난 로	
물놀이	[물로리]	물 놀 이	
줄넘기	[줄럼끼]	줄 넘 기	

2. 길을 따라가 윤아가 설날에 한 일을 바르게 쓴 번호에 ○표를 해 봅시다.

1 줄럼끼를 했어요.
2 난로에 고구마를 구워 먹었어요.
3 설랄에 세배를 했어요.
4 오빠와 물노리를 했어요.

3. 그림을 보고 빈칸에 들어갈 바른 낱말을 찾아 색칠해 봅시다.

| 설날 | 설랄 |
에는 세배를 해요.

매일 | 줄럼끼 | 줄넘기 | 를 해요.

4. 밑줄 친 낱말을 바르게 고쳐 써 봅시다.

설랄에는 떡국과 만두를 먹습니다. → ☐☐

겨울을 따뜻하게 보내기 위해 날로를 사용합니다. → ☐☐

줄럼끼를 하면 건강해져요. → ☐☐☐

친구와 함께 물로리를 합니다. → ☐☐☐

스마트폰 덕분에 생활이 펼리해졌습니다. → ☐☐

한걸음 더: '물놀이'와 '난로'는 왜 [물로리], [날ː로]로 소리날까요?
우리말에서 'ㄴ'과 'ㄹ'이 만나면 'ㄴ'이 'ㄹ'로 바뀌어서 소리 나요. 이렇게 해야 더 편하게 낱말을 소리 낼 수 있거든요.
'물놀이'의 경우 '물'의 'ㄹ'과 '놀'의 'ㄴ'이 만나 'ㄹ'로 발음되는 것이죠. '난로'도 마찬가지입니다.
• 물+놀+이 = [물로리]　　• 난+로 = [날ː로]

'ㅁ'으로 소리 나는 낱말

★ 영철이가 그린 그림과 글을 보고 물음에 답해 봅시다.

할머니 댁에 갔다. 할머니께서 밥물을 맞춰 밥을 지어 주셨다. 앞마당에 자란 채소를 씻어 함께 먹었다.

내 입맛에 딱 맞았다. 가마솥 밥이라 그런지 압력솥에 한 밥과는 맛이 달랐다.

 1. 어떻게 소리 나는지 또박또박 읽고, 바르게 써 봅시다.

	🎤 이렇게 소리 내요.	✏️ 소리 내어 말하며 바르게 써 봅시다.
밥물	[밤물]	밥 물
앞마당	[암마당]	앞 마 당
입맛	[임맏]	입 맛
압력솥	[암녁쏟]	압 력 솥

2. 낱말이 바르게 적힌 화살표를 따라가 봅시다.

밤물 →  압마당 → 한 번 더 해 볼까요?

밥물 ↓   임맛 ↘   암마당 ↓   암녁솥 ↘

입맛 →  압력솥 → 낱말을 잘 알고 있네요!

3. 바른 낱말을 골라 ○표를 하고, 문장을 완성해 봅시다.

	입맛	김치가 내 ☐☐ 에 딱 맞는다.
	임맏	
	암마당	할머니 댁 ☐☐☐ 에 채소가 자라요.
	앞마당	

4. 틀린 낱말을 찾아 ✕표를 하고, ☐ 안에 바른 낱말을 써 봅시다.

○		몸이 아파서 ~~암맛~~이 없다. → ☐☐	
○		암마당에서 뛰어 놀았다. → ☐☐☐	
○		밥을 할 때 밤물을 잘 맞춰야 한다. → ☐☐	
○		어머니께서 암녁솥에 밥을 하셨다. → ☐☐☐	
○		오늘은 새 옷을 임는 날 → ☐☐	
○		암문으로 입장해 주세요. → ☐☐	

'ㅇ'으로 소리 나는 낱말

★ 영철이가 그린 그림과 글을 읽고 물음에 답해 봅시다.

식물을 심어요!
우리 학교의 막내인 1학년 학생들이
식목일을 맞아 학교 화단에
식물을 심었습니다. 작은 손으로
어린나무와 토마토 등을 심고
물을 주며 구슬땀을 흘렸습니다.
1학년 학생들 덕분에 학교 화단이
더욱 환해졌습니다.

1. 어떻게 소리 나는지 또박또박 읽고, 바르게 써 봅시다.

	🎤 이렇게 소리 내요.	✏️ 소리 내어 말하며 바르게 써 봅시다.		
식물	[싱물]	식	물	
학년	[항년]	학	년	
막내	[망내]	막	내	
식목일	[싱모길]	식	목	일

2. 낱말이 바르게 적힌 칸을 모두 색칠해 보고, 무엇이 되는지 빈칸에 적어 봅시다.

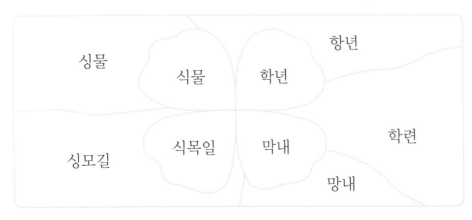

답:

3. 그림을 보고 에서 알맞은 낱말을 골라 빈칸에 써 봅시다.

보기   싱목일   식목일   막내   망내

 오늘은 4월 5일

_____ 입니다.

 동생이

가장 키가 작습니다.

4. □ 안의 낱말을 바르게 고쳐 써 봅시다.

1) 숲 속에는 많은 싱물 이 있다.

→ 숲 속에는 많은 ⬚⬚ 이 있다.

2) 우리 형은 5 항년 입니다.

→ 우리 형은 5 ⬚⬚ 입니다.

3) 싱모길 에 나무를 심어요.

→ ⬚⬚⬚ 에 나무를 심어요.

4) 망내 가 참 귀엽습니다.

→ ⬚⬚ 가 참 귀엽습니다.

5) 손을 씻고 밥을 멍는다 .

→ 손을 씻고 밥을 ⬚⬚⬚ .

★ 윤성이가 짝 예지와 통화를 하고 있어요. 만화를 보고 물음에 답해 봅시다.[1~3]

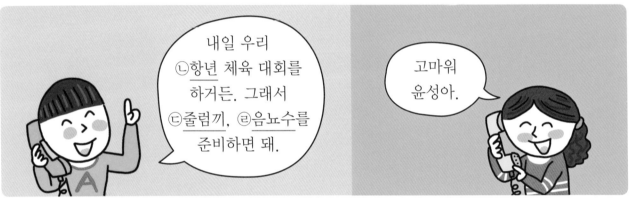

1. 예지가 학교에 오지 못한 이유는 무엇입니까? (　　　)

① 동생이 아파서　　　　　　　② 감기에 걸려서
③ 체육 대회에서 다쳐서　　　　④ 몸이 피곤해서

2. 밑줄 친 ㉠, ㉡을 바르게 고쳐 써 봅시다.

㉠임맛 →　　　　　　　　　　㉡항년 →

3. 내일 필요한 준비물인 ㉢과 ㉣을 바르게 쓴 것을 골라 봅시다. (　　　)

① 줄넘끼, 음료수　　　　　　　② 줄럼기, 음뇨수
③ 줄넘기, 음뇨수　　　　　　　④ 줄넘기, 음료수

받침이 2개예요!

 받침이 2개일 때 어떻게 소리 날까요? 상황에 따라 둘 중 앞에 있는 받침으로 발음하거나, 뒤에 있는 받침으로 발음합니다.

겹받침 'ㄴㅎ'이 들어가는 낱말

많다 [만ː타]   끊임없이 [끄니멉씨]   귀찮다 [귀찬타]
않다 [안타]   괜찮다 [괜찬타]   끊다 [끈타]

- 먹을 것이 많지 않았습니다. → 먹을 것이 [만치] 않았습니다.
- 줄을 끊고 도망갔다. → 줄을 [끈코] 도망갔다.
- 숙제도 하지 않고 나가서 놀았다.
  → 숙제도 하지 [안코] 나가서 놀았다.

겹받침 'ㄹㄱ'이 들어가는 낱말

맑다 [막따]   밝다 [박따]   읽다 [익따]
닭 [닥]   굵다 [국따]   찰흙 [찰흑]

- 날이 밝았다. → 날이 [발갇따].
- 안내문을 읽지 못했다. → 안내문을 [익찌] 못했다.
- 나무가 굵지 않았다. → 나무가 [국ː찌] 않았다.

겹받침 'ㄹㅂ'이 들어가는 낱말

넓다 [널따]   여덟 [여덜]   밟다 [밥ː따]
짧다 [짤따]   얇다 [얄ː따]   엷다 [열ː따]

- 내 친구는 발이 넓어서 아는 사람이 많다.
  → 내 친구는 발이 [널버서] 아는 사람이 많다.
- 얇고 하늘하늘한 천. → [얄ː꼬] 하늘하늘한 천.
- 나는 네 발을 밟지 않았어. → 나는 네 발을 [밥ː찌] 않았어.

겹받침 'ㄹㅎ'이 들어가는 낱말

앓다 [알타]   끓다 [끌타]   싫다 [실타]
옳다 [올타]   뚫다 [뚤타]   닳다 [달타]

- 물을 끓여서 컵에 부었습니다.
  → 물을 [끌여서] 컵에 부었습니다.
- 파란색은 싫고 노란색이 좋아.
  → 파란색은 [실코] 노란색이 좋아.
- 이 생각도 옳고, 저 생각도 옳다.
  → 이 생각도 [올코], 저 생각도 [올타].

겹받침 'ㄶ'이 들어가는 낱말

★ 만화를 살펴보고 물음에 답해 봅시다.

🎤 **1.** 겹받침 'ㄶ'이 들어가는 낱말을 또박또박 읽고, 바르게 써 봅시다.

	🎤 이렇게 소리 내요.	✏️ 소리 내어 말하며 바르게 써 봅시다.
끊다	[끈타]	끊 다
많다	[만:타]	많 다
귀찮다	[귀찬타]	귀 찮 다
않다	[안타]	않 다

30

2. 빈칸에 알맞은 낱말이 무엇인지 길을 따라 찾아가 봅시다.

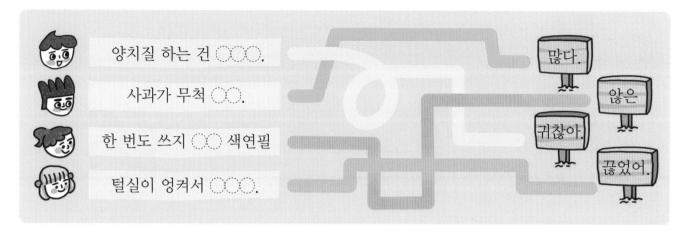

3. 바른 낱말을 찾아 ○표를 하고, 문장을 완성해 봅시다.

○ ○		(귀찮아도) 귀찬아도	손을 씻어요.
○ ○		끊었다 끈었다	알맞은 길이로 끈을 .
○ ○		만타 많다	도서실에는 책이 참 .
○ ○		안아요 않아요	기분이 좋지 .
○ ○		괜찮아 괜찬아	친구가 ' .' 라고 말했어요.
○ ○		끊임없이 끈임업시	차들이 들어와요.

받침이 2개예요!

겹받침 'ㄹㄱ'이 들어가는 낱말

★ 글을 읽고 물음에 답해 봅시다.

제목: 친구와 함께 노래 부르기 대회 안내

친구와 동요를 같이 부르며 우정을 다지는
'친구와 함께 노래 부르기 대회'가 열립니다.
맑은 목소리와 밝은 표정으로 동요를 부르며
친구와 좋은 추억을 만들어 봅시다.
학생들의 많은 참여 바랍니다.

일시: 5월 20일 금요일 오전 10시
장소: 푸른초등학교 강당

*더 자세한 내용을 알고 싶으면 첨부된 파일을 내려받아 읽어 봅시다.

1. 겹받침 'ㄹㄱ'이 들어가는 낱말을 또박또박 읽고, 바르게 써 봅시다.

	🎤 이렇게 소리 내요.		✏️ 소리 내어 말하며 바르게 써 봅시다.
맑다	[막따]	맑 다	
밝다	[박따]	밝 다	
읽다	[익따]	읽 다	
닭	[닥]	닭	

▎**한걸음 더:** 닭의 수컷과 암컷은 어떻게 쓸까요?
수컷 닭 → 수탉 [수탁]   암컷 닭 → 암탉 [암탁]

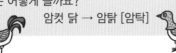

32

2. 효정이가 노래 대회에 나갈 수 있게 바른 낱말만 따라가 봅시다.

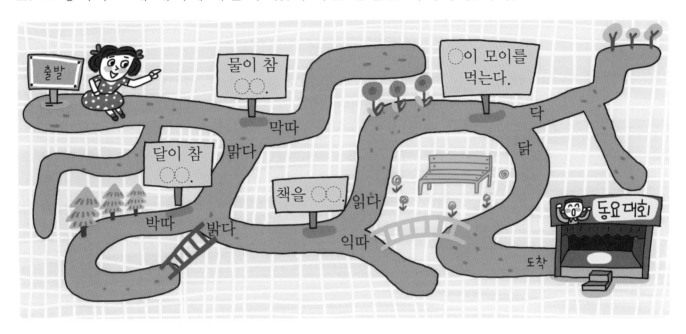

3. 밑줄 친 낱말을 바르게 고쳐 써 봅시다.

	효정이는 늘 표정이 <u>발가</u>. →
	오늘따라 유난히 날씨가 <u>막다</u>. →
	친구와 동화책을 <u>일겄다</u>. →
	이모께서는 <u>닥</u>을 키우십니다. →
	조물조물 <u>찰흑</u>으로 그릇을 만들어요. →

겹받침 'ㄼ'이 들어가는 낱말

★ 순영이의 일기를 읽고 물음에 답해 봅시다.

8월 9일 수요일   날씨: 햇빛은 쨍쨍!

제목: 민수 형의 학교

방학이라 민수 형이 다니는 학교에 놀러갔다. 민수 형네 학교를 보고 나는 감탄했다.

"이야, 운동장이 진짜 넓다. 그네도 여덟 개나 있어!"

형은 자기네 학교가 최고라며 으스댔다. 학교를 구경하고 나서 그림자놀이를 했다.

그림자를 먼저 밟는 사람이 이기는 놀이다. 그런데 점심 때가 되니 그림자가 짧아졌다.

어, 그림자가 왜 이렇게 짧아졌지?

1. 겹받침 'ㄼ'이 들어가는 낱말을 또박또박 읽고, 바르게 써 봅시다.

	이렇게 소리 내요.		소리 내어 말하며 바르게 써 봅시다.
넓다	[널따]	넓 다	
여덟	[여덜]	여 덟	
밟다	[밥:따]	밟 다	
짧다	[짤따]	짧 다	

2. 쪽지 시험을 보고 있어요. 정답에 ○표를 해 봅시다.

1. 길이가 길지 않을 때 '○○'라고 합니다.
① 짭다   ② 짧다

2. 발로 어떤 물건 등을 누르는 것을 뜻합니다.
① 밟다   ② 발다

3. 일곱보다 하나 더 큰 수를 뭐라고 할까요?
① 여덜   ② 여덟

4. '좁다'와 뜻이 반대되는 말은 무엇일까요?
① 널다   ② 넓다

3. 틀린 낱말을 찾아 ×표를 하고, □ 안에 바른 낱말을 써 봅시다.

내 동생은 여덜 살입니다. →

바다는 정말 널다. →

실수로 친구의 발을 발다. →

새끼 발가락은 짤다. →

여름철에는 옷이 얄다. →

색연필로 칠하니 색이 열다. →

겹받침 'ㄹㅎ'이 들어가는 낱말

★ 만화를 읽고 물음에 답해 봅시다.

🎤 **1.** 겹받침 'ㄹㅎ'이 들어가는 낱말을 또박또박 읽고, 바르게 써 봅시다.

	🎤 이렇게 소리 내요.		✏️ 소리 내어 말하며 바르게 써 봅시다.
앓다	[알타]	앓 다	
끓다	[끌타]	끓 다	
싫다	[실타]	싫 다	
옳다	[올타]	옳 다	

2. 빈 곳에 알맞은 받침을 쓰고 겹받침 'ㄹㅎ'이 들어가는 문장에 ○표를 해 봅시다.

견인차가 승용차를 [끄][고] 있다. ☐	트럭에 짐을 [시][다]. ☐
내 동생이 끙끙 병을 [아][다]. ☐	당근을 먹기 [시][다]. ☐
네 말이 [오][다]. ☐	죽이 [끄][고] 있다. ☐

36

3. 민수가 일기를 쓰고 있어요.  에서 알맞은 낱말을 골라 빈칸에 써 봅시다.

보기   끓여   끌어   실었다   싫었다

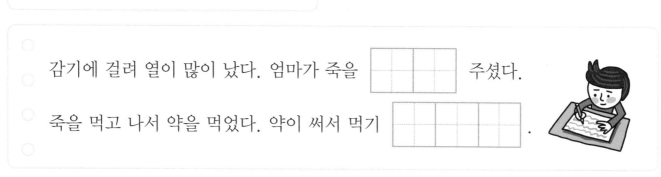

감기에 걸려 열이 많이 났다. 엄마가 죽을 ☐☐ 주셨다.

죽을 먹고 나서 약을 먹었다. 약이 써서 먹기 ☐☐☐ .

4. ☐ 안의 낱말을 바르게 고쳐 써 봅시다.

1) 귀찮아도 분리수거를 하는 것이 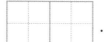 옳다 .

→ 귀찮아도 분리수거를 하는 것이 ☐☐ .

2) 여름은 날씨가 더워서 실다 .

→ 여름은 날씨가 더워서 ☐☐ .

3) 감기에 걸려 끙끙 알았다 .

→ 감기에 걸려 끙끙 ☐☐☐ .

4) 냄비에 찌개가 펄펄 끌었다 .

→ 냄비에 찌개가 펄펄 ☐☐☐ .

5) 꽉 막힌 변기를 뚫었다 .

→ 꽉 막힌 변기를 ☐☐☐ .

1. 밑줄 친 낱말을 맞게 쓴 문장에는 ○표를, 맞지 않게 쓴 문장에는 ✕표를 해 봅시다.

 내 동생은 <u>여덟</u> 살이다.

 실수로 친구의 발을 <u>발다</u>.

 배 속이 부글부글 <u>끓었다</u>.

2. 다음 밑줄 친 낱말을 바르게 고쳐 써 봅시다.

    1) 슈바이처 박사는 남을 돕는 <u>올은</u> 일을 하셨다. →

    2) 숙제를 하지 <u>안아서</u> 선생님께 꾸중을 들었다. →

★ 범수와 영철이에게 있었던 일을 살펴보고 물음에 답해 봅시다.[3~4]

영철아, 네가 ㉠<u>일은</u> 책은 네가 정리해야지.

㉡<u>귀찬아</u>. 이 ㉢<u>만은</u> 책을 언제 정리해?

㉣<u>괜찮아</u>? 그러기에 책을 정리했으면 좋았잖아.

3. 위의 밑줄 친 ㉠과 ㉡을 바르게 고쳐 쓴 것을 골라 ○표를 해 봅시다.

  ① ㉠읽은 ㉡귀차나   ② ㉠읽은 ㉡귀찮아

  ③ ㉠일근 ㉡귀찮아   ④ ㉠일근 ㉡귀차나

4. 밑줄 친 ㉢과 ㉣을 바르게 고쳐 써 봅시다.

  ㉢만은 →   ㉣괜찮아 →

글자와 다르게 소리 나요!

 분명 'ㄲ, ㄸ, ㅃ, ㅉ'으로 소리 나지만, 'ㄱ, ㄷ, ㅂ, ㅈ'으로 써야 하는 낱말이 있어요. 앞 글자의 받침 'ㄴ, ㄹ, ㅁ, ㅇ'과 뒷 글자의 첫소리 'ㄱ, ㄷ, ㅂ, ㅅ'이 만나면 'ㄲ, ㄸ, ㅃ, ㅉ'으로 소리가 난답니다. 그리고 앞 글자 'ㄷ', 'ㅌ' 뒤에 첫소리가 'ㅑ, ㅑ, ㅓ, ㅕ, ㅛ'로 시작하는 글자가 오면 'ㅈ'이나 'ㅊ'으로 소리 나요.

'ㄸ', 'ㅆ'으로 소리 나는 낱말

손등 [손뜽]　용돈 [용:똔]　했다 [핻따]
눈사람 [눈:싸람]　약속 [약쏙]　뺄셈 [뺄:쎔]

- 환한 보름달. → 환한 [보름딸].
- 책상과 걸상의 줄을 맞춰요.
  → 책상과 [걸:쌍]의 줄을 맞춰요.
- 나도 모르게 연필을 덥석 잡았다.
  → 나도 모르게 연필을 [덥썩] 잡았다.

'ㄲ', 'ㅉ'으로 소리 나는 낱말

악기 [악끼]　술래잡기 [술래잡끼]　집게 [집께]
학교 [학꾜]　색종이 [색쫑이]　상장 [상짱]

- 바다에 물결이 출렁거려요. → 바다에 [물껼]이 출렁거려요.
- 알림장을 씁시다. → [알림짱]을 씁시다.
- 물감으로 그림을 그려요. → [물깜]으로 그림을 그려요.

'ㅈ'으로 소리 나는 낱말

해돋이 [해도지]　굳이 [구지]　맏이 [마지]
미닫이 [미:다지]　곧이 [고지]　가을걷이 [가을거지]

- 안방 문은 여닫이문입니다. → 안방 문은 [여:다지]문입니다.
- 우리 조상들은 처마 밑에 물받이를 달았어요.
  → 우리 조상들은 처마 밑에 [물바지]를 달았어요.
- 의자의 등받이가 부러졌어요.
  → 의자의 [등바지]가 부러졌어요.

'ㅊ'으로 소리 나는 낱말

같이 [가치]　끝이 [끄치]　굳히다 [구치다]
닫히다 [다치다]　샅샅이 [삳싸치]　갇힌 [가친]

- 옷에 먼지를 묻히다. → 옷에 먼지를 [무치다].
- 죄가 낱낱이 드러났다. → 죄가 [난:나치] 드러났다.
- 짜증난 목소리로 쏘아붙이며 말했다.
  → 짜증난 목소리로 [쏘아부치며] 말했다.

'ㄸ', 'ㅆ'으로 소리 나는 낱말

★ 미진이가 미수에게 쪽지를 썼네요. 쪽지를 읽고 물음에 답해 봅시다.

언니 나빠!

내 동생 미수에게

미수야! 내가 손등을 때려서 미안해. 내가 좋아하는 눈사람 인형을 네가 망가뜨려서
나도 모르게 그만……. 아무리 화가 나도 너를 때리면 안 되는데, 정말 미안해.
부모님께 용돈을 받으면 눈사람 인형을 다시 사서 우리 사이좋게 놀자.
대신 너도 언니 물건 함부로 망가뜨리지 말아줘. 알았지? 약속한 거다.

언니 미진이가

🎤 **1.** 'ㄷ'과 'ㅅ'이 어떻게 바뀌어 소리 나는지 또박또박 읽고, 바르게 써 봅시다.

	🎤 이렇게 소리 내요.		🖊 소리 내어 말하며 바르게 써 봅시다.
손등	[손뜽]	손 등	
용돈	[용ː똔]	용 돈	
눈사람	[눈ː싸람]	눈 사 람	
약속	[약쏙]	약 속	

2. 그림을 보고 낱말이 되도록 선으로 이은 다음, 빈칸에 완성한 낱말을 써 봅시다.

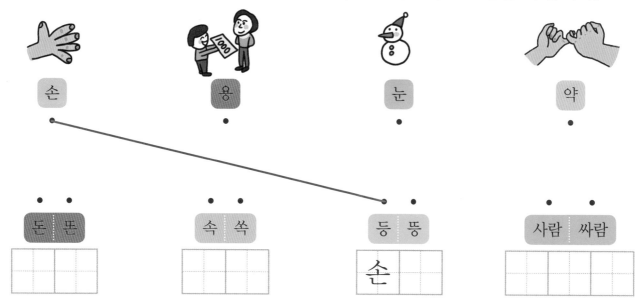

| 손 | 용 | 눈 | 약 |

돈	똔		속	쏙		등	뚱		사람	싸람

| | | | | | | 손 | | | | |

3. □ 안의 낱말을 바르게 고쳐 써 봅시다.

1) 친구와 2시에 만나기로 약쏙 했어요.

→ 친구와 2시에 만나기로 ☐☐ 했어요.

2) 눈을 굴려서 눈싸람 을 만들어요.

→ 눈을 굴려서 ☐☐☐ 을 만들어요.

3) 용똔 을 아껴 써요. → ☐☐ 을 아껴 써요.

4) 모기가 손뚱 을 물었어요.

→ 모기가 ☐☐ 을 물었어요.

5) 학교에서 뺄쏌 을 배웠어요. → 학교에서 ☐☐ 을 배웠어요.

41

'ㄲ', 'ㅉ'으로 소리 나는 낱말

★ 현서가 받아쓰기 시험에서 100점을 받았어요. 시험지를 잘 살펴보고 물음에 답해 봅시다.

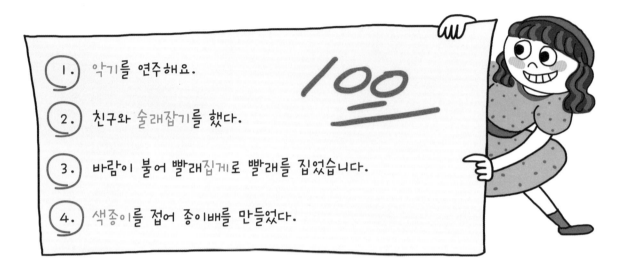

🎤 **1.** 'ㄱ'과 'ㅈ'이 어떻게 바뀌어 소리 나는지 또박또박 읽고, 바르게 써 봅시다.

	🎤 이렇게 소리 내요.	✏️ 소리 내어 말하며 바르게 써 봅시다.
악기	[악끼]	악 기
술래잡기	[술래잡끼]	술 래 잡 기
집게	[집께]	집 게
색종이	[색쫑이]	색 종 이

2. 그림에 알맞은 낱말을 찾아 ○표를 하고, 빈칸에 낱말을 써 봅시다.

(그림)	집게 / 찝께 로 종이를 집었습니다.	(빈칸)
(그림)	리듬 악끼 / 악기 로 합주를 해요.	(빈칸)

3. 바르게 쓴 낱말을 따라가 봅시다.

4. 밑줄 친 낱말을 바르게 고쳐 써 봅시다.

술래잡끼는 재미있어요. →				

어버이날 색쫑이로 카네이션을 만들었어요. →				

학꾜 운동장에 나무들이 부쩍 자랐습니다. →		

상짱을 받아서 기분이 좋다. →		

'ㅈ'으로 소리 나는 낱말

★ 유진이의 일기를 읽고 물음에 답해 봅시다.

1월 1일 월요일   날씨: 너무 춥다.

제목: 한 번 더 보고 싶은 해돋이
해돋이를 보기 위해 강원도에 갔다.
엄마가 아침 일찍 미닫이 창문을 열고 우릴 깨웠다.
나는 굳이 해돋이를 봐야 하냐며 투덜댔다.
언니는 나와 달리 불평하지 않았다.
엄마는 그런 언니를 보고
"유미는 맏이라서 그런지 의젓하구나!"
하며 칭찬하셨다. 해가 떠올랐다.
주황색으로 서서히 떠오르는 해의 모습이 너무 신기했다.
다음에 또 보러 오고 싶다.

🎙 **1.** 'ㄷ'이 'ㅣ'를 만나 어떻게 소리 나는지 또박또박 읽고, 바르게 써 봅시다.

	🎙 이렇게 소리 내요.				✏️ 소리 내어 말하며 바르게 써 봅시다.
해돋이	[해도지]	해	돋	이	
굳이	[구지]	굳	이		
맏이	[마지]	맏	이		
미닫이	[미:다지]	미	닫	이	

2. 그림과 문제를 살펴보고 알맞은 낱말을 골라 ○표를 해 봅시다.

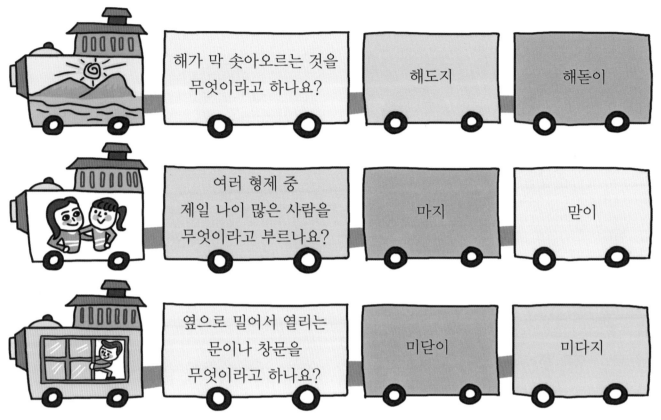

	해가 막 솟아오르는 것을 무엇이라고 하나요?	해도지	해돋이
	여러 형제 중 제일 나이 많은 사람을 무엇이라고 부르나요?	마지	맏이
	옆으로 밀어서 열리는 문이나 창문을 무엇이라고 하나요?	미닫이	미다지

3. 틀린 낱말을 찾아 ✕표를 하고, □ 안에 바른 낱말을 써 봅시다.

	기차를 타고 해도지를 보러 갔습니다.	→
	내 동생은 구지 고집을 부렸다.	→
왜 자꾸 거짓말을 하니?	내가 그 말을 고지 들을 줄 아니?	→
	농부들은 가을거지를 하느라 구슬땀을 흘립니다.	→

45

'ㅊ'으로 소리 나는 낱말

★ 지민이에게 있었던 일을 살펴보고 문제를 해결해 봅시다.

🎤 **1.** 'ㅌ'이 'ㅣ'를, 또 'ㄷ'이 'ㅎ'을 만나 어떻게 소리 나는지 또박또박 읽고, 바르게 써 봅시다.

	🎤 이렇게 소리 내요.		✏️ 소리 내어 말하며 바르게 써 봅시다.		
같이	[가치]	같 이			
끝이	[끄치]	끝 이			
굳히다	[구치다]	굳 히 다			
닫히다	[다치다]	닫 히 다			

2. 지민이가 일기를 썼습니다. 에서 알맞은 낱말을 골라 빈칸에 써 봅시다.

보기   가치   같이   닫힌   다친

나랑 주영이가
찰흙으로 강아지를
만들었습니다.

뒷문이   줄
모르고 달려가다
문에 부딪혔습니다.

3. 바르게 쓴 낱말을 골라 ○표를 하고 문장을 써 봅시다.

우리 (같이) 가치 공기놀이 하자.
→ 우리

모든 일에는 끄치 끝이 있다.
→

한 골을 더 넣어서 승리를 굳혔다 구쳤다 .
→

바람이 불어 창문이 다쳤다 닫혔다 .
→

가방을 쌴싸치 샅샅이 뒤졌는데 연필이 없다.
→

우리에 가친 갇힌 동물이 무척 불쌍해 보였다.
→

47

★ 채준이랑 채원이가 나누는 대화를 읽고 물음에 답해 봅시다.[1~3]

1. 위 만화 내용으로 알맞은 것에는 ○표를, 알맞지 <u>않은</u> 것에는 ×표를 해 봅시다.

1) 채준이는 용돈을 많이 받았다. □

2) 채준이와 채원이는 함께 술래잡기를 하러 갈 것이다. □

3) 채준이는 준비물을 사러 갈 것이다. □

2. 밑줄 친 ㉠, ㉣을 바르게 고쳐 써 봅시다.

㉠고지 →　　　　　　　　　　㉣가치 →

3. ㉡과 ㉢은 채준이가 사야 하는 준비물입니다. 바르게 낱말을 써 봅시다.

 →　　　　　　　　　　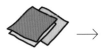 →

② 외우는 맞춤법

발음이나 모양이 비슷해 보여도 뜻이 다른 말이 많이 있어요. 그래서 낱말의 뜻을 정확하게 알고 바르게 구분해서 쓰는 것이 중요해요. 어떤 때에 어떤 낱말을 쓰는지 지금부터 배워 봅시다.

비슷해 보이지만 뜻이 다른 낱말이 있어요!

우리 집 돌돌이가 강아지를 세 마리나 나았어.

와, 한 마리만 주면 안 돼?

영철아, 나도 한 마리만 줘라.

절대 안 돼! 우리 강아지들은 다른 강아지랑 틀려! 얼마나 귀엽고 똑똑한데.

잘난 척하기는.

강아지들은 똑똑한데, 주인은 아닌 것 같다.

뭐라고?

새끼를 낳았을 때는
새끼를 낳았어.(○)
그리고 다른 강아지랑 차이점이 있을 때는
다른 강아지랑 달라!(○)
라고 해야 하는 거야.

치, 어떻게 말하든 무슨 상관이야?

주인이 무식한 걸 알면 강아지들이 부끄러워할 텐데….

결심했어! 맞춤법 공부해서 자랑스러운 주인이 될 테야!

헐—.

뜻에 맞게 구분해서 써요!

 '선생님, 우리를 가리켜 주셔서 감사합니다.' 과연 맞는 표현일까요? 틀린 표현입니다. '선생님, 우리를 가르쳐 주셔서 감사합니다.'가 맞는 표현이지요. '가르치다/가리키다'는 비슷해 보여도 뜻은 전혀 다르답니다. 이렇게 헷갈리는 낱말을 바르게 사용하기 위해서는 먼저 낱말의 뜻을 정확하게 알아야 합니다. 그리고 내 생각을 전달할 수 있는 낱말을 잘 골라 써야 합니다.

다르다 / 틀리다, 느리다 / 늘리다

★ '다르다'와 '틀리다'의 뜻을 생각하며 만화를 살펴봅시다.

다르다
똑같이 생긴 쌍둥이이지만 좋아하는 음식이나 성격은 같지 않지요? 이렇게 서로 같지 않을 때 '다르다'는 말을 써요.

틀리다
내가 쓴 답이 맞지 않아 속상했던 적이 있나요? 이럴 때 '문제를 틀리다.'라고 말해요. '틀리다'는 계산이나 사실이 맞지 않다는 뜻이에요.

★ '느리다'와 '늘리다'의 뜻을 생각하며 만화를 살펴봅시다.

느리다
토끼는 재빠른데 거북이는 정말 천천히 기어가지요? '느리다'는 속도가 빠르지 못하거나 어떤 일을 하는 데 걸리는 시간이 길 때 사용합니다.

늘리다
공부하는 시간과 노는 시간 중 어떤 시간이 많아지는 것이 더 좋은가요? '시간을 늘리다.'와 같이 '늘리다'는 무언가를 크게 하거나 많게 한다는 뜻입니다.

1. 문장에 알맞은 낱말을 골라 ○표를 해 봅시다.

	계산이 [틀려서] [달라서] 돈이 모자라요.
	모두 피부색과 생김새가 [틀려요] [달라요] .
	내 동생은 걸음이 [느립니다] [늘립니다] .
	멀리뛰기 실력을 [느리기 위해] [늘리기 위해] 연습을 해요.

2. 문장에 알맞은 낱말을 골라 따라 써 봅시다.

어제와	틀리게 / 다르게 오늘은 날씨가 참 덥습니다.
구구단을	틀리지 / 다르지 않고 잘 외웠습니다.
우리 거북이처럼	늘려도 / 느려도 끝까지 가 보자!
실력을 더욱	늘려서 / 느려서 100점 맞자!

가르치다 / 가리키다, 부치다 / 붙이다

★ '가리키다'와 '가르치다'의 뜻을 생각하며 그림을 살펴봅시다.

우리는 표지판이 가리키는 방향으로 올라가야 합니다.

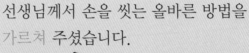

선생님께서 손을 씻는 올바른 방법을 가르쳐 주셨습니다.

가리키다
'가리키다'는 손가락으로 방향이나 물건 등을 집어 보여 주는 것을 뜻합니다.

가르치다
'선생님께서는 늘 우리를 가르치십니다.'에서 알 수 있듯이 '가르치다'는 모르는 것을 알게 해 주는 것을 뜻합니다.

★ '부치다'와 '붙이다'의 뜻을 생각하며 만화를 살펴봅시다.

할머니께 편지를 부쳤습니다.

예쁜 우표를 편지 봉투에 붙였습니다.

부치다
편지나 물건을 보낼 때, 프라이팬에 음식을 익힐 때 '부치다'를 사용합니다. '편지를 부치다.', '계란을 부치다.' 이렇게 사용합니다.

붙이다
색종이를 접어 카드에 붙이고, 촛불에 불을 붙이면 생일 파티 준비 끝. '붙이다'는 물건이 떨어지지 않게 하거나, 불을 옮아 타게 할 때 사용합니다.

1. 밑줄 친 낱말을 바르게 사용한 문장에는 ○표를, 잘못 사용한 문장에는 ×표를 해 봅시다.

	공이 굴러가는 방향을 <u>가르쳤다</u>.	
	언니가 동생에게 글자를 <u>가르쳤다</u>.	
	고모께서 <u>붙이신</u> 소포를 받았습니다.	
	산불이 여기 저기 옮겨 <u>붙었다</u>.	

2. 빈칸에 들어갈 알맞은 낱말을 골라 써 봅시다.

○ 가르쳤다 ○ 가리켰다	시곗바늘이 9시를 .	
○ 가르쳐 ○ 가리켜	횡단보도를 건널 때는 좌우를 살펴야 한다고 주셨다.	
○ 붙어 ○ 부쳐	담벼락에 광고지가 있었다.	
○ 붙이셨다 ○ 부치셨다	아버지께서 편지를 .	

반드시 / 반듯이, 작다 / 적다

★ '적다/작다', '반듯이/반드시'의 뜻을 생각하며 인영이의 일기를 읽어 봅시다.

9월 20일 수요일	날씨: 아침 저녁으로 시원한 바람이 부는 날
제목: 키 재기	

효정이가 우리 집에 놀러 왔다. 그래서 과자를 나눠 먹었다. 과자는 참 맛있었는데 양이 너무 적었다. 아쉬웠다.

과자를 먹고 나서 효정이와 키 재기를 했다. 나와 효정이는 등을 맞대고 반듯이 섰다. 내 키가 효정이보다 작았다. 충격이다. 키가 크기 위해 이제부터 반드시 음식을 골고루 먹어야겠다고 다짐했다.

적다
'적다'는 '많다'와 뜻이 반대되는 말이에요. 양이나 개수가 다른 것보다 조금 있다는 뜻입니다.

작다
'작다'는 '크다'와 뜻이 반대되는 말입니다. 길이나 크기가 다른 것보다, 짧거나 못 미친다는 뜻입니다.

반듯이
반듯하게 정리된 물건을 보면 기분이 좋지요? '반듯이'는 물건, 사람의 생각, 행동 등이 비뚤어지지 않고 바르게 되어 있는 것을 나타내는 말이에요.

반드시
'이건 반드시 지켜야 해.'하며 다짐했던 적이 있나요? '반드시'는 '틀림없이', '꼭'과 비슷한 뜻을 가진 낱말입니다.

1. 문장에 알맞은 낱말을 골라 ○표를 해 봅시다.

내 과자의 양이 너무 [적다 작다] .

내 연필은 너무 [적다 작다] .

책상 줄을 [반듯이 반드시] 맞추니 기분이 좋았다.

쓰레기는 [반듯이 반드시] 분리수거 해야 합니다.

2. 틀린 낱말을 찾아 ×표를 하고, ☐ 안에 바른 낱말을 써 봅시다.

화장실을 이용하고 난 후에는
~~반듯이~~ 손을 씻어야 합니다. →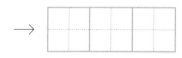

아기의 손바닥이 너무 적다. →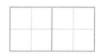

우리나라 꽃 무궁화에 대한
관심이 작다. →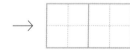

의자에 앉을 때는 허리를
세우고 반드시 앉습니다. →

잊어버리다 / 잃어버리다, 맞추다 / 맞히다

★ '잊어버리다'와 '잃어버리다'의 뜻을 생각하며 그림을 살펴봅시다.

잊어버리다
엄마가 말씀하신 것을 깜빡할 때가 있지요? 이렇게 한번 알았던 것을 기억하지 못할 때 '잊어버리다'를 사용합니다.

잃어버리다
아끼던 학용품이 없어졌을 때 무척 속상하지요? 이렇게 가지고 있던 물건이 없어졌을 때는 '잃어버리다'를 사용합니다.

★ '맞추다'와 '맞히다'의 뜻을 생각하며 그림을 살펴봅시다.

맞추다
퍼즐, 그림 카드와 낱말 카드를 '맞추고' 있네요. '맞추다'는 이렇게 서로 떨어져 있는 것을 붙일 때, 또 서로 다른 것을 나란히 놓고 비교할 때 사용합니다.

맞히다
와! 수수께끼의 정답을 잘 맞혔네요. 이럴 때 정답을 '맞히다'라고 말해요. '맞히다'는 문제에 옳은 대답을 할 때, 어떤 목표에 맞게 할 때 사용해요.

> **한걸음 더:** '맞추다/맞히다' 헷갈린다고요? '맞추다'는 '서로 비교하다', '자리에 끼워 넣는다'라는 의미가 있어요. 예를 들어 받아쓰기를 보고 나서 친구와 답을 비교할 때는 '친구와 답을 맞추다.'라고 써요. '맞히다'는 '적중하다'와 뜻이 비슷해요. 화살이 과녁에 딱 들어맞았을 때 '과녁을 맞히다.'라고 씁니다.

1. 문장에 알맞은 낱말을 골라 ○표를 해 봅시다.

 친구와의 약속을 깜빡 잊어버려서 잊어버려서
친구가 화가 났다.

 공원에서 돈을 잃어버렸다 잊어버렸다 .

 양궁 선수가 쏜 화살이 과녁의
한가운데를 맞췄다 맞혔다 .

 칠교 조각을 모두 맞췄다 맞혔다 .

2. 밑줄 친 낱말을 바르게 고쳐 써 봅시다.

치과에 가기로 한 약속을
깜빡 <u>잃어버렸다</u>. →

장갑 한 짝을
<u>잊어버려서</u> 속상하다. →

창문을 창틀에 <u>맞혔다</u>. →

퀴즈의 정답을 모두 <u>맞혔다</u>. →

★ 편지를 읽고 물음에 답해 봅시다. [1~3]

> 아버지께
> 아버지, 외국에서 잘 지내고 계세요? 저와 희영이, 그리고 엄마도 잘 지내고
> 있어요. 편지를 빨리 쓰려고 했는데, 편지 쓰는 것을 깜빡 ㉠잊어버렸어요.
> 요즘 희영이에게 자전거 타는 법도 ㉡가리키고, 사이좋게 지내고 있어요.
> 희영이가 가끔 자전거 열쇠를 ㉢잊어버려서 화가 날 때도 있지만 싸우지 않으려고
> 애쓰고 있어요.
> 그리고 요즘 키가 크기 위해 음식을 골고루 먹으려고 노력하고 있어요.
> 아버지께서 한국에 오시면 ㉣반드시 달라진 모습 보여 드릴게요.
> 아버지 너무 보고 싶어요.
> 빨리 한국에 오시면 좋겠어요.
> 또 편지 쓸게요. 사랑해요.

> 10월 5일 수요일
> 희철이 올림

1. 이 편지는 누가 누구에게 쓴 편지입니까?

_____(이)가 _____에게/께 쓴 편지입니다.

2. 밑줄 친 ㉠~㉣ 중 바르게 쓴 것을 <u>모두</u> 골라 <u>기호</u>를 써 봅시다. (　　　,　　　)

3. 밑줄 친 ㉠~㉣ 중 <u>잘못</u> 쓴 것을 골라 <u>기호</u>를 쓰고 바르게 고쳐 써 봅시다.

잘못 쓴 낱말의 기호	바르게 고쳐 쓰기

발음이 비슷하지만 뜻은 달라요!

형이 동생을 잘 보살필 때 '형이 동생보다 낫다.'하고 칭찬합니다. 그런데 이 '낫다'와 발음이 비슷한 낱말이 있어요. 바로 '낳다, 낮다' 입니다. 이렇게 우리 말에는 발음은 비슷한데 뜻은 완전히 다른 낱말이 많이 있습니다. 우리 함께 배워 볼까요?

이런 낱말을 배워요!

발음이 비슷해서 헷갈리는 말 1
낳다 / 낫다 / 낮다

발음이 비슷해서 헷갈리는 말 2
짓다 / 짖다 / 짚다 / 집다

발음이 비슷해서 헷갈리는 말 3
맡다 / 맞다   섞다 / 썩다

발음이 비슷해서 헷갈리는 말 4
갖다 / 같다 / 갔다

낳다 / 낫다 / 낮다

★ '낳다', '낫다', '낮다'의 뜻을 생각하며 이야기를 읽어 봅시다.

혜원이와 주원이 그리고 엄마가 함께 집 근처에 있는 낮은 산으로 등산을 갔어요.
갑자기 생각난 듯 혜원이가 엄마에게 질문을 했어요.
"엄마, 고래는 알을 낳아요? 새끼를 낳아요?"
엄마는 조금 당황하시는 듯했어요.
"고래도 물에서 사니까 다른 물고기처럼 알을 낳지 않을까?"
그 말을 듣고 있던 언니 주원이가 말했어요.
"지난 번에 책에서 읽었는데, 고래는 강아지처럼
새끼를 낳는대요."
엄마는 주원이에게
"네가 나보다 낫다."
하고 칭찬하셨습니다.

낳다
'낳다'는 사람이나 동물이 알이나 아기, 새끼를 몸 밖으로 내놓는 것을 말해요.
또 '좋은 결과를 낳다.'처럼 어떤 결과를 이루었을 때도 씁니다.

낫다
'낫다'는 병이나 상처가 좋아져서 회복되었다는 뜻이 있어요. 또 '형이 동생보다 낫다.'처럼
보다 좋거나 앞서 있다는 뜻으로도 쓰여요.

낮다
'낮다'는 '산이 낮다.'와 같이 아래에서 위까지의 높이가 높지 않을 때 사용해요.

1. 빈 곳에 알맞은 받침을 써넣고, 받침이 같은 것끼리 선으로 이어 봅시다.

아기를 나☐다   •

오늘은 기온이 나☐다   •

난 여름보단 겨울이 나☐다   •

• 감기가 잘 나☐지 않는다.

• 엄마의 구두 굽이 나☐다

• 우리나라가 나☐은 천재 과학자

2. 틀린 낱말을 찾아 ✕표를 하고, ☐ 안에 바른 낱말을 써 봅시다.

노력이 기적을 낳~~는~~다. → ☐☐☐☐

병이 다 낳아서 퇴원할 수 있다. → ☐☐☐

상처가 잘 낮지 않는다. → ☐☐

오리는 알을 낫는다. → ☐☐☐

63

짓다 / 짖다 / 짚다 / 집다

★ '짓다'와 '짖다'의 뜻을 생각하며 그림을 살펴봅시다.

자그마한 집을 짓다.

짓다
재료를 가지고 밥, 옷, 집, 약 등을 만든다는 뜻이에요. 글을 쓸 때도 '시를 짓다'라고 쓰지요. '무리를 짓다, 농사를 짓다, 표정을 짓다.' 등 다양하게 사용해요.

개가 멍멍 짖다.

짖다
개가 소리를 내는 것을 말해요. 까마귀나 까치가 시끄럽게 지저귀는 것도 '짖다'라고 해요.

★ '짚다'와 '집다'의 뜻을 생각하며 그림을 살펴봅시다.

지팡이를 짚은 노인

짚다
'짚다'는 바닥, 벽, 지팡이 등에 몸을 의지하는 모습을 뜻해요. 또 '이마를 짚어 보다, 맥을 짚다.'와 같이 몸에 가볍게 손을 댈 때에도 '짚다'라고 해요.

손가락으로 연필을 집다.

집다
'집다'는 손가락, 발가락으로 물건을 잡아서 들 때 사용해요. 또 집게나 젓가락 같은 도구로 물건을 들 때도 사용해요.

한걸음 더: 여러 개 중 하나를 꼭 집어 가리킬 때 '집다'와 '짚다' 중 무엇을 쓸까요?
그런 경우에는 '짚다'를 사용해요. '손가락으로 글자를 짚어 가며 가르쳐 주셨다.'와 같이 쓸 수 있어요.

1. 밑줄 친 낱말을 바르게 사용한 문장에는 ○표를, 잘못 사용한 문장에는 ✕표를 해 봅시다.

	몸이 허한 것 같아서 보약을 <u>지어</u> 먹었다.	
	까치가 깍깍 <u>짓는다</u>.	
	다리를 다쳐 목발을 <u>집었다</u>.	
	갈비를 집게로 <u>짚어</u> 불 위에 올렸다.	

2. 빈칸에 들어갈 알맞은 낱말을 골라 써 봅시다.

○ 지었다. ○ 짓었다.	친구와 같이 이야기를 ☐☐☐.	
○ 짓는 ○ 짖는	개 ☐☐ 소리에 잠을 설쳤다.	
○ 집고 ○ 짚고	무릎을 ☐☐ 일어나 손을 탁탁 털었다.	
○ 집어서 ○ 짚어서	반찬을 젓가락으로 ☐☐☐ 먹었다.	

65

맡다 / 맞다, 섞다 / 썩다

★ '맡다/맞다'와 '섞다/썩다'의 뜻을 생각하며 그림을 살펴봅시다.

오늘은 쿠키를 만들자! 밀가루와 베이킹파우더를 섞어야 해.

엄마, 그건 제가 할게요. 제게 맡기세요.

이번에는 뭘 할까요?

냉장고에서 우유를 좀 가져다줄래?

엄마, 우유가 썩은 것 같아요.

채빈이 말이 맞다. 우유가 상했네.

허락을 맡았으니 신나게 게임 해야지.

맡다
'맡다'는 어떤 일을 책임지고 담당한다는 뜻이에요. 또 '냄새를 맡다, 허락을 맡다.'로 쓰기도 해요. '허락을 받다.'는 '허락을 맡다.'로도 쓸 수 있어요.

맞다
'맞다'는 틀림이 없다는 뜻을 가지고 있어요. '손님을 맞다.'와 같이 오는 사람을 예의로 받아들인다는 뜻도 있어요. 또 '새해를 맞다.'와 같이 어떤 때를 맞이한다는 뜻, '매를 맞다.'와 같이 외부로부터 어떤 힘이 가해져 해를 입는다는 뜻도 가지고 있어요.

섞다
'섞다'는 두 가지 이상의 것이 합쳐져 있을 때 사용해요. 또 '사투리를 섞어 말한다.'와 같이 어떤 말이나 행동을 함께 나타날 때 사용해요.

썩다
'썩다'는 상해서 냄새가 나는 상태가 되었다는 뜻이에요. 그리고 '이가 썩다.'처럼 사람의 몸에 균이 들어와서 상했을 때도 사용해요.

1. 틀린 낱말을 찾아 ✕표를 하고, 바르게 고쳐 써 봅시다.

맞은 일에 최선을 다해야 한다. → | | |

답이 맏는지 확인해 봤다. → | | | |

논 주변에 퇴비 섞는 냄새가 났다. → | | |

물이 너무 뜨거워서 찬물을 썩었다. → | | | |

2. 보기 에서 알맞은 낱말을 골라 빈칸에 써 봅시다.

보기   맞았다   맏았다   섞어   썩어

강아지 돌보는 일은 내가 | | | | .

송편을 빚으며 추석을 | | | | .

고춧가루, 무, 파 등을 | | | | 김치 속을 만드셨다.

이가 | | | | 치과에 갔다.

갖다 / 같다 / 갔다

★ '갖다', '같다', '갔다'의 뜻을 생각하며 만화를 살펴봅시다.

갖다

'갖고'는 '가지고'를 줄인 말로 손이나 몸에 물건을 지니고 있다는 뜻입니다. '갖다'는 '갖고, 갖지'로 쓸 수 있어요. '갖으니, 갖은, 갖어서, 갖으려고'는 잘못된 표현이에요. '가지니, 가진, 가져서, 가지려고'로 써야 해요.

같다

'나와 친구의 키가 같다.'처럼 서로 다르지 않고 하나일 때, '비단 같은 마음'처럼 다른 것과 비교하여 서로 다르지 않을 때 써요.

갔다

'갔다'는 '학교에 갔다, 수영장에 갔다.'처럼 한 곳에서 다른 곳으로 이동했다는 뜻이에요.

1. 문장에 알맞은 낱말을 골라 ○표를 해 봅시다.

어린이날을 맞아 놀이공원에 갖다 갔다 .

엄마와 나는 좋아하는 음식이 같다 갔다 .

할머니께 갖다 같다 드릴 옷을 포장했다.

2. 밑줄 친 낱말을 바르게 고쳐 써 봅시다.

친구와 함께 도서관에 <u>같다</u>. →

이번 겨울은 많이 추울 것 <u>갔다</u>. →

내가 <u>갖진</u> 돈은 모두 오백원이다. →

이 인형은 네가 <u>같고</u>, 이 책은 내가 가질게. →

★ 일기를 읽고 물음에 답해 봅시다.[1~2]

9월 14일 수요일   날씨: 해가 구름 사이로 살짝 보인 날

제목: 산이와 강아지
아침부터 까치가 시끄럽게 ㉠짓었다. 문 밖을 보니
우리 집 개 산이가 강아지를 두 마리나 ㉡나았다.
이제 막 태어나 눈도 뜨지 못하는 강아지가 너무 귀여웠다.
강아지들을 보고 누나는
"우리 강아지 이름 ㉢짓자."
라고 말했다. 그런데 어미 개 산이가 많이 아파 보였다.
산이가 어서 ㉣낳기를 마음속으로 빌었다.

1. 위의 글에서 밑줄 친 ㉠과 ㉢을 바르게 고친 것을 골라 봅시다. (,   )

① 까치가 시끄럽게 짚었다.   ② 까치가 시끄럽게 짖었다.
③ 우리 강아지 이름 짓자.   ④ 우리 강아지 이름 지자.

2. 밑줄 친 ㉡과 ㉣을 바르게 고쳐 써 봅시다.

㉠나았다 →   ㉣낳기를 →

3. 다음 중 알맞은 낱말을 골라 ○표를 해 봅시다.

1) 내 자리 좀 [맞아 줘 | 맡아 줘].
2) 오늘 친구의 기분이 좋지 않은 것 [갔다 | 같다].

모양은 비슷하지만 뜻은 달라요!

 비가 오는 날에는 왠지 부침개가 먹고 싶지 않나요? '왠지'와 '웬지' 중 어떤 것이 맞춤법에 맞는 말일까요? '왠-/웬'처럼 뜻은 다르지만 모양이 비슷한 말이 많아요. 언제 어떤 말을 쓰는지 우리 함께 배워 봅시다.

왠- / 웬

★ '왠-'과 '웬'의 쓰임을 생각하며 만화를 살펴봅시다.

왠-

'왠'은 혼자 쓸 수 없는 말입니다. '왠지'로 쓰이는데, '왠지'는 '왜인지'를 줄인 말로 '왜 그런지 모르게, 뚜렷한 이유도 없이'라는 뜻을 가지고 있습니다. '왜 그런지'를 넣어서 말이 되면 '왠지'를 사용하면 됩니다.

웬

'웬'은 '어찌 된, 어떠한'을 뜻하는 말입니다. '왠지'만 빼고 나머지는 다 '웬'을 씁니다. '웬만한, 웬일, 웬만큼'과 같이 사용하며, 때에 따라서 '웬 떡이냐?' 같이 웬 다음에 띄어쓰기를 하기도 하니 주의하세요.

1. 다음 중 빈칸에 들어갈 알맞은 낱말을 골라 ○표를 해 봅시다.

이제 곧 봄인데,
＿＿＿＿＿ 눈이 이렇게 내려?

| 웬 | 왠 |

누나의 표정이 좋지 않은걸?

| 웬지 | 왠지 |

2. 틀린 낱말을 찾아 ✕표를 하고, ☐ 안에 바른 낱말을 써 봅시다.

○ ○	엄마를 보자 ~~웬지~~ 서러워 눈물이 나왔다.	→ ☐☐
○ ○	공부를 또 하라니 이게 왠말인가?	→ ☐☐
○ ○	빨래를 다 했나 했더니, 왠걸?	→ ☐☐
○ ○	나는 웬지 민수가 좋다.	→ ☐☐

모양은 비슷하지만 뜻은 달라요!

며칠(O) / 몇일(X), 알맞은(O) / 알맞는(X)

★ 그림을 살펴보고 낱말의 뜻을 알아봅시다.

며칠
며칠 동안 잠을 제대로 자지 못하면 무척 피곤하겠지요? '며칠'은 그 달의 몇째 되는 날, 몇 날을 뜻하는 말이에요. '몇 월'이라고 쓰지만, '몇 일'이라고 쓰지 않아요. '며칠 동안, 며칠째, 며칠 만에' 등으로 사용합니다.

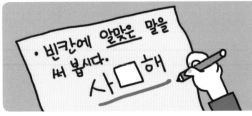

알맞은
'알맞은'은 일정한 기준, 조건, 정도에 모자라지 아니한다는 뜻이에요. '알맞는'이라고 쓰면 안 돼요. '알맞은' 대신 '맞는'을 쓸 수 있어요. 예를 들어 '빈칸에 맞는 답을 써 봅시다.'로 쓸 수 있지요. '맞는'은 '옳다, 크기나 규격에 어울린다.'는 뜻을 가지고 있어요. '맞는, 맞은' 모두 바른 표현입니다.

1. 빈칸에 들어갈 알맞은 낱말을 찾아 선으로 이어 봅시다.

친구가 아파서 ☐☐ 동안 학교에 안 왔다.

날씨에 ☐☐☐ 옷차림을 해야 합니다.

내 입맛에 딱 ☐☐ 음식

- 몇 일
- 며칠
- 알맞은
- 알맞는
- 맞는
- 맞은

2. 밑줄 친 낱말을 바르게 고쳐 써 봅시다.

이 글의 제목으로 <u>알맞는</u> 것을 고르시오. → ☐☐☐☐

자신에게 <u>맞은</u> 직업을 찾는 것이 중요합니다. → ☐☐

다이어트 한다고 <u>몇 일</u> 동안 굶었더니 현기증이 난다. → ☐☐

속초에 갔다가 <u>몇 일</u> 만에 집에 돌아왔다. → ☐☐

윗- / 웃-

★ '윗-'와 '웃-'이 언제 쓰이는지 생각하며 이야기를 읽어 봅시다.

이른 아침, 영수가 양치질을 하고 있었어요.
칫솔이 윗니에 닿자, 찌르르 하는 통증에
영수는 "아얏"하고 소리를 지르고 말았어요.
영수의 엄마께서 영수의 이를 살펴보셨어요.
"윗니에 충치가 생긴 것 같아.
영수야, 당장 치과에 가자."
치과에 간다니, 영수는 덜컥 겁이 났어요.

그러나 꾹 참고 치과에 갔어요.
영수는 의사 선생님께
인사를 드렸어요.
"웃어른께 인사도 참 잘하네."
의사 선생님의 칭찬에 영수는 으쓱했어요.

윗-
그림 속 아이가 윗옷과 아래옷을 입으려고 하네요. '윗-'을 언제 사용하는지 눈치 챘나요? '윗니/아랫니'처럼 반대되는 말이 있을 때에는 '윗-'을 써요.

웃-
웃어른께 인사를 하고 있네요. 그런데 '웃어른'의 반대말은 '아래어른'일까요? '아래어른'이라는 말은 없어요. 이렇게 반대되는 말이 없을 때는 '웃-'을 써야 합니다.

한걸음 더: '윗쪽'이 맞을까요? '위쪽'이 맞을까요? '위쪽'이라고 써야 합니다. 서로 반대되는 말이 있어서 '윗쪽'이라고 써야 할 것 같지만, '위쪽'이라고 써요. 서로 반대되는 말이 있는 낱말 중에서 뒤에 오는 말이 된소리(ㄲ, ㄸ, ㅃ, ㅆ, ㅉ)나 거센소리(ㅋ, ㅌ, ㅍ, ㅊ)로 시작하면 '위-'를 쓰고 나머지는 '윗-'을 씁니다. 그래서 '위층', '위쪽'으로 씁니다.

1. 문장에 알맞은 낱말을 골라 ○표를 해 봅시다.

낱말 풀이

'**웃풍**'은 겨울에 천장이나 벽 사이로 스며들어 오는 찬 기운을 말합니다.

'**웃옷**'은 가장 겉에 입는 옷을 말해요. 겨울철에 입는 두꺼운 잠바, 코트 등을 웃옷이라고 할 수 있어요.

'**웃거름**'은 씨앗을 뿌린 뒤나 모종을 옮겨 심은 뒤에 식물이 잘 자라라고 주는 거름을 말합니다.

1) 아랫입술이 | 웃 / 윗 | 입술 보다 두껍다.

2) | 웃 / 윗 | 도리와 아랫도리 중 무엇을 먼저 입어야 할까?

3) | 웃 / 윗 | 풍이 불어서 너무 추웠습니다.   4) 날씨가 추워서 | 웃 / 윗 | 옷을 입었어요.

2. 빈칸에 들어갈 알맞은 낱말을 써 봅시다.

모종을 옮겨 심은 후 [웃] 거름을 주었어요.

[ ] 층에서 아래층으로 이동할 때는 계단을 이용합니다.

[ ] 니와 아랫니 모두 꼼꼼하게 닦아요.

[ ] 집과 아랫집, 우리 모두 이웃 사촌.

77

없다 / 업다 / 엎다

★ '없다', '업다', '엎다'의 뜻을 생각하며 만화를 살펴봅시다.

없다
'없다'는 사람, 동물, 물체, 어떤 사실, 이유 등이 존재하지 않는 상태를 말해요. '방 안에 아무도 없다. 가뭄이 들어 시냇물이 거의 없다.'와 같이 무언가가 아주 적거나 존재하지 않을 때 사용해요.

업다
할머니께서 손자를 업고 계시네요. '업다'는 사람이나 동물을 등에 대고 손으로 붙잡거나 끈 등으로 맨 것을 말해요.

엎다
놀부가 상을 엎었네요. 심통이 났나 봐요. '엎다'는 물건 등을 거꾸로 돌려서 위가 아래로 향하게 해 놓거나, 그릇 등을 넘어뜨려 속에 들어 있는 것을 쏟아지게 하는 것을 말해요.

1. 현민이와 현우가 집에 갈 수 있게 문장이 바르게 적힌 돌을 모두 색칠해
   징검다리를 완성해 봅시다.

2. 빈칸에 들어갈 알맞은 낱말을 골라 써 봅시다.

○	업었다	선생님께서 영희를 등에 ⬚⬚⬚⬚.
○	엎었다	
○	없다	동생은 건강해서 감기에 걸린 적이 ⬚⬚.
○	업다	
○	엎어져서	국그릇이 ⬚⬚⬚⬚⬚ 국이 쏟아졌다.
○	업어져서	
○	엎다	볼만한 프로그램이 ⬚⬚.
○	없다	

1. 다음 중 빈칸에 들어갈 알맞은 낱말을 골라 선으로 이어 봅시다.

오늘은 ___ 좋은 일이 생길 것 같아. •	• 알맞은
아랫니와 ___ 에 충치가 생겼다. •	• 왠지
이게 ___ 횡재야. •	• 윗니
문제를 읽고 ___ 답을 고르시오. •	• 웬

2. 밑줄 친 부분이 잘못 쓰인 것을 골라 봅시다. (   )

① 아버지께서 동생을 업고 병원에 갔다.   ② 윗어른께 인사를 드렸다.
③ 친구와 부딪혀 식판을 엎었다.   ④ 웬만큼 노력해서는 안 된다.

★ 민지가 쓴 쪽지를 읽고 물음에 답해 봅시다.[3~4]

영희에게
영희야, 안녕! 몸은 좀 어떠니?
㉠몇 일 동안 네가 학교에 오지 않아서 무척 걱정했었어. 네가 학교에 오지 않아서
이게 ㉡웬일이지 싶었어. 선생님께서 네가 많이 아프다고 말씀하시더라.
학교에 와도 영희 네가 ㉢업어서 무척 심심했어.
네가 다시 학교에 오면 우리 재미있는 놀이도 하고 즐겁게 지내자.
네가 어서 낫기를 바랄게. 그럼 다시 볼 때까지 안녕.

민지가

3. 밑줄 친 ㉠과 ㉡을 바르게 고쳐 쓴 것을 골라 봅시다. (   )

① ㉠몇 칠 동안 ㉡웬일이지   ② ㉠몇 칠 동안 ㉡ 왠일이니
③ ㉠며칠 동안 ㉡웬일이지   ④ ㉠며칠 동안 ㉡왠일이니

4. 위의 글에서 ㉢을 바르게 고쳐 써 봅시다. ㉢업어서 →

여러 가지 헷갈리는 말

 '해님이 방긋 웃는 아침.' 이 문장에서 '해님'이 맞을까요? '햇님'이 맞을까요? '해님'이라고 써야 맞습니다. 해를 다정하게 부르는 말인 '해님'은 꼭 '해님'이라고 쓰기로 약속했거든요. 헷갈리는 여러 낱말들을 우리 함께 배우고 익혀 봅시다.

이런 낱말을 배워요!

사이시옷이 들어가는 낱말
냇가 나뭇잎 바닷가 노랫말 등굣길 하굣길 빗소리

쉽게 틀리는 낱말
육개장 떡볶이 찌개 희한하다 얘들아 얘기

어울리는 말과 함께 써야 하는 낱말
결코 전혀 별로

잘못 알고 있는 말
금세 덥석 비로소 아무튼

여러 가지 헷갈리는 말

냇가, 나뭇잎, 바닷가, 노랫말, 등굣길, 하굣길, 빗소리

★ 파란색으로 쓴 낱말에 유의하며 만화를 살펴봅시다.

우리말 달인을 찾는 우리말 퀴즈! 지금부터 본격적으로 시작해 보겠습니다. 문제를 듣고 신중하게 답변해 주시기 바랍니다. 문제 나갑니다.

우리말 달인은 바로 나! 나 아니면 누구겠어?

다음 중에는 맞춤법에 맞지 않게 쓴 말이 있습니다. 몇 번인지 고르세요.

(1) 냇가에서 나뭇잎을 가지고 놀았다.
(2) 바닷가에서 노래를 불렀다. 노랫말이 예뻤다.
(3) 등교길에 친구를 만났다.
(4) 하굣길에 비가 와서 빗소리를 들었다.

딱 봐도 4번이 틀렸네요. 정답은 4번입니다.

아, 정말 아쉽습니다. 정답은 3번입니다. '등교길'이 아니라 '등굣길'입니다. 사이시옷이 들어가는 낱말이지요.

사이시옷? 그게 뭐야?

사이시옷
한글을 쓸 때 가장 큰 원칙은 소리 나는 대로 쓰는 거예요. '해'와 '빛'을 합쳐서 말을 만들면 '해빛'이 되지요?
그런데 발음은 [해삗] 또는 [핻삗]으로 나요. 글자와 발음이 같지 않게 되지요. 이럴 때 발음과 글자를 같게 만들기 위해
'ㅅ'을 붙이는데, 이를 '사이시옷'이라고 해요.

해 ☀ + 빛 🌼 = 햇빛

1. 낱말이 바르게 적힌 칸을 모두 색칠해 보고, 무엇이 되는지 빈칸에 적어 봅시다.

내가   노래말
         냇가   노랫말   비소리
바다까   바닷가
         등곳길   빗소리
등교길   하곳길
                    하교길

답:

2. 바른 낱말을 찾아 ○표를 하고, 문장을 완성해 봅시다.

○	(빗소리)	지붕을 때리는 　　　 가 참 요란하다.
○	비소리	
○	바다가	에서 모래성을 만들었다.
○	바닷가	
○	등교길	에 문방구에 들렀다.
○	등곳길	
○	냇가	옛날에는 　　　 에서 빨래를 했다.
○	내까	
○	노래말	그 동요의 　　　 이 참 아름답다.
○	노랫말	

한걸음 더: 햇쌀과 햅쌀. 어느 것이 맞을까요? 그 해에 난 곡식을 '햇곡식'이라고 해요. '햇보리, 햇과일' 등이 있지요. 그런데 그 해에 난 쌀은 '햅쌀'이라고 씁니다. 헷갈리면 안 돼요.

육개장, 떡볶이, 찌개, 희한하다, 얘들아, 얘기

★ 파란색으로 쓴 낱말을 자세히 살펴보며 이야기를 읽어 봅시다.

"얘들아, 떡볶이 먹자."

엄마가 용훈이와 은혜를 부르셨어요. 용훈이와 은혜는 얼른 달려와서 식탁에 앉았어요.

매콤하고 달콤한 떡볶이. 떡볶이를 먹다가 은혜가 물었어요.

"오빠, 오빠는 떡볶이와 육개장 중에 뭐가 더 좋아?"

"음……. 나는 둘 다 좋아. 둘 다 매콤해서 맛있어."

"그래? 오빠는 진짜 희한하다. 어떻게 매운 음식이라면 다 좋아해?"

이 말을 듣고 용훈이가 말했어요.

"난 김치찌개도 좋아. 엄마가 해 주셔서 그런가 봐."

엄마가 물을 가져다 주시며 말씀하셨어요.

"물 마시며 천천히 먹으렴."

떡볶이를 먹는 동안

용훈이와 은혜의

얘기가 끝나지 않네요.

육개장 / 떡볶이 / 찌개

쇠고기를 삶아서 넣고 얼큰하게 양념하여 끓인 육개장과 매콤한 떡볶이, 언제 먹어도 맛있는 찌개. 모두 우리가 평소가 자주 먹는 음식이지요? 자주 접하는 낱말인 만큼 바르게 쓸 수 있어야 해요.

희한하다

도시에서 곰을 보면 무척 희한하게 생각하겠지요? 매우 드물거나 신기한 일을 보았을 때 '희한하다'라고 말해요. '희안하다(✕)'라고 쓰지 않고, 꼭 '희한하다(○)'라고 써야 해요.

얘들아 / 얘기

'이야기'를 줄여서 '얘기'라고 써요. 그리고 '아이들아'를 줄여서 '얘들아'라고 써요. 그럼 '얘들아'는 무엇일까요? 가까이에 있는 친구나 아이들을 부를 때 '이 애들아'를 줄여서 '얘들아'라고 써요.

1. 바른 낱말을 따라 길을 찾아봅시다.

2. 틀린 낱말을 찾아 ✕표를 하고, ☐ 안에 바른 낱말을 써 봅시다.

	이 식당의 ~~찌게~~는 참 맛있다. → ☐☐
	벌레를 잡아먹는 풀이 있다니 참 희안하다. → ☐☐☐☐
	떡복기는 언제 먹어도 맛있어. → ☐☐☐
	애들아, 맞춤법 공부하자! → ☐☐☐

한걸음 더: '이 아이', '저 아이'는 줄여서 어떻게 쓸까요? '이 아이'를 줄여서 '이 애' 또는 '얘', '저 아이'를 줄여서 '저 애' 또는 '쟤'라고 써요.

결코, 전혀, 별로

★ 그림을 살펴보며 '결코', '전혀', '별로'가 어떤 말과 함께 쓰이는지 알아봅시다.

저는 결코 포기하겠어요. (✕)
저는 결코 포기하지 않겠어요. (○)

자동차를 선물로 주실 줄은
전혀 예상했어요. (✕)
자동차를 선물로 주실 줄은
전혀 예상하지 못했어요. (○)

요즘 입맛이 별로 좋아요. (✕)
요즘 입맛이 별로 없어요. (○)

결코
'결코'는 '나는 결코 포기하지 않겠다.'처럼 어떤 경우에라도 절대로 하지 않거나, 일어나지 않을 일을 강조할 때 사용해요.

전혀
'전혀'는 '아주, 완전히'라는 뜻이에요. '전혀 관심이 없다.'와 같이 관심이 아예 없을 때 '전혀'를 사용해요.

별로
'별로'는 '그다지, 다르게'라는 뜻이에요. 할 일이 그다지 없을 때, '할 일이 별로 없어요.'와 같이 '별로'를 사용하지요.

> **한걸음 더: '결코', '별로', '전혀'는 어떻게 사용해야 할까요?** '결코', '별로', '전혀'는 모두 '아니다, 없다, 못하다'와 함께 쓰여요. '결코 하겠다.'가 아니라 '결코 할 수 없다.'라고 써야 자연스럽죠.

1. 길을 따라가 보고, 문장을 바르게 쓴 친구를 찾아 ○표를 해 봅시다.

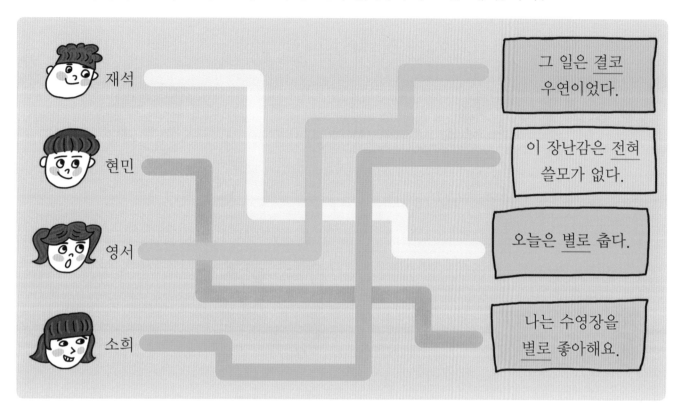

재석

현민

영서

소희

그 일은 결코
우연이었다.

이 장난감은 전혀
쓸모가 없다.

오늘은 별로 춥다.

나는 수영장을
별로 좋아해요.

2. 다음 중 파란색 글자와 어울리는 말을 골라 선으로 이어 봅시다.

이순신 장군은 결코 •

• 물러섰다.

• 물러서지 않았다.

 전혀 배가 •

• 고팠습니다.

• 고프지 않았습니다.

 나는 스케이트를 별로 •

• 좋아하지 않는다.

• 좋아한다.

금세, 덥석, 비로소, 아무튼

★ '금세'와 '덥석'의 뜻을 생각하며 만화를 살펴봅시다.

덥석
호랑이가 덥석 먹이를 물었네요. '덥석'은 왈칵 달려들어서 물거나 물건을 움켜잡는 모습을 나타내는 말이에요. '덥썩'이 아니라 '덥석'이라고 써야 해요.

금세
'금세'는 '지금 바로'라는 뜻을 가진 '금시에'를 줄여 쓴 말로 주로 대화할 때 많이 사용해요. '소문이 금세 퍼졌네.'처럼 어떤 일이 재빨리 벌어졌을 때에 '금세'를 써요.

★ '비로소'와 '아무튼'의 뜻을 생각하며 만화를 살펴봅시다.

비로소
'비로소'는 그 전까지 이루어지지 않았던 일이나 사건이 이루어져 변화하기 시작함을 나타내는 말이에요.

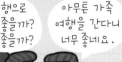

아무튼
'아무튼'은 '의견이나 일이 어떻게 되어 있든' 이라는 뜻이에요. 소리나는 대로 '아무튼'이라고 써요.

1. 문장에 알맞은 낱말을 골라 ○표를 해 봅시다.

1) 동생과 같이 청소를 하니 ┌─────┐ 방이 깨끗해졌어요.
　　　　　　　　　　　　│ 금새 │
　　　　　　　　　　　　├─────┤
　　　　　　　　　　　　│ 금세 │
　　　　　　　　　　　　└─────┘

2) 물고기가 미끼를 ┌─────┐ 물었습니다.
　　　　　　　　　│ 덥석 │
　　　　　　　　　├─────┤
　　　　　　　　　│ 덥썩 │
　　　　　　　　　└─────┘

3) 엄마의 말씀을 듣고 나서야 ┌──────┐ 내 잘못을 알게 됐다.
　　　　　　　　　　　　　　│ 비로소 │
　　　　　　　　　　　　　　├──────┤
　　　　　　　　　　　　　　│ 비로서 │
　　　　　　　　　　　　　　└──────┘

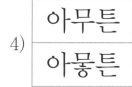

4) ┌──────┐ 나는 1등을 하고 말 거예요.
　 │ 아무튼 │
　 ├──────┤
　 │ 아뭏튼 │
　 └──────┘

2. 밑줄 친 낱말을 바르게 고쳐 써 봅시다.

전날 밤에 비가 많이 와서인지 <u>금새</u> 강물이 불어났습니다.	→	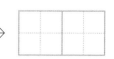
배가 고파서 빵을 <u>덥썩</u> 베어 물었다.	→	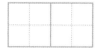
아침부터 내리던 눈이 <u>비로서</u> 그쳤다.	→	
<u>아뭏튼</u> 그런 나쁜 말을 쓰면 안 돼!	→	

1. 밑줄 친 낱말을 맞게 쓴 문장에 ○표를, 맞지 않게 쓴 문장에는 ✕표를 해 봅시다.

　　1) 비로서 내 친구가 내 마음을 알아주었다. ☐

　　2) 햇볕이 쨍쨍 내리쬐어 너무 더웠다. ☐

　　3) 오늘 정말 희안한 자동차를 보았다. ☐

2. 문장에 알맞은 낱말을 골라 ○표를 해 봅시다.

　　1) ｜ 바다까 　바닷가 ｜ 에서 동생과 두꺼비집을 만들었습니다.

　　2) 날이 더워서 얼음이 ｜ 금세 　금새 ｜ 녹았다.

★ 이야기를 읽고 물음에 답해 봅시다.

> 학교가 끝나고, 친구 주안이와 함께 집에 왔다.
> 친구와 함께하는 ㉠하교길은 늘 신난다.
> 주안이와 ㉡떡뽀끼를 사먹었다. 주안이는
> "쓰읍, 너무 맵다."
> 라고 말하며 물을 들이켰다. ㉢나는 전혀 매웠다.
> 입맛은 다르지만 나와 주안이는 친한 친구다.

3. 밑줄 친 ㉠과 ㉡, ㉢을 바르게 고쳐 써 봅시다.

　　㉠하교길 → _____　　　　㉡떡뽀끼 → _____

　　㉢나는 진혀 매웠다. → 나는 전혀 _____ .

③ 글쓰기에 필요한 맞춤법

'한글 맞춤법'은 한글로 우리말을 쓰는 규칙을 말해요. 한글 맞춤법의 규칙대로 글을 써야 읽는 사람이 그 뜻을 알 수 있어요. 즉, 맞춤법에 맞게 글을 써야 읽는 사람에게 내 생각과 느낌을 잘 전달할 수 있답니다.

글을 쓸 때 맞춤법에 맞게 써야 하는 이유는 무엇일까요?

금연을 하시라고 아버지께 편지를 써야겠다.

사랑하는 아버지께
아버지! 저 영철이에요. 늘 우리 가족을 위해
열심히 일하시는 아버지, 정말 사랑하고
감사해요. 그런데 며칠 전 아버지께서 담배를
피우시는 모습을 보았어요. 아버지의
건강을 위해 담배를 끊으셨으면
좋겠어요. 아들로서 말씀드려요.
김영철 올림

저 영철이에요.

아들로서

저 영철이예요.

아들로써

아오, 왜 이렇게 헷갈려. 도대체 어느 것이 맞는 거야?

맞춤법이 헷갈리는구나? 어디 보자. 이게 맞네!

저 영철이에요.

아들로서

형, 도와줘서 너무 고마워. 오늘 이 편지 드려야지.

이 편지를 보시면 아버지께서 담배를 끊으실 거야.

야호!! 신난다.

허허, 아들들 때문에 오늘부터 담배 끊는다!

글쓰기에 필요한 맞춤법 1

 '우리나라의 자랑거리를 소개합니다.'라고 쓸 때, '우리나라'라고 해야 할까요? 아니면 '저희 나라'라고 해야 할까요? '말하는 대로 이루어질 거야!'라고 쓸 때, '말하는 데로 이루어질 꺼야!'라고 써야 하는 건 아닌지, 헷갈리지 않나요? 글을 쓸 때, 자신의 생각을 분명하게 전달하기 위해 정확한 표현을 사용하는 것이 중요합니다. 지금부터 배워 봅시다.

이런 낱말을 배워요!

글쓰기에 필요한 맞춤법 1
저희 / 우리

글쓰기에 필요한 맞춤법 2
−로서 / −로써

글쓰기에 필요한 맞춤법 3
대로 / 데로

글쓰기에 필요한 맞춤법 4
거야 −고요 −게 / −걸

저희 / 우리

★ '저희'와 '우리'가 어떤 차이가 있는지 생각하며 글과 그림을 살펴봅시다.

저희
'저희'는 '우리'를 낮출 때 쓰는 말이에요. 할아버지께 '저희가 준비한 선물이에요.'라고 말씀드릴 때, '저희'를 사용해요. '저희'에 포함되는 모든 사람을 낮추고 말을 듣는 상대방을 높일 때 쓰는 말이지요.

우리
'우리'는 자신을 포함한 여러 사람을 가리키는 말이에요. 친한 관계일 때도 '우리 엄마, 우리 반, 우리 동네'라고 쓰지요. 우리나라를 '저희 나라'라고 말하면 우리나라의 모든 사람들과 국가 자체를 낮추게 돼요. 그래서 꼭 '우리나라'라고 써야 합니다.

1. 길을 따라가 보고, 문장을 바르게 쓴 친구를 찾아 ○표를 해 봅시다.

미진아, 저희 반 친구들에게 나눠 주고 싶어.

저희 나라에는 멋진 문화유산이 많아요.

엄마, 저희도 빵 먹고 싶어요.

2. 문장에 알맞은 낱말을 골라 ○표를 해 봅시다.

3. 형찬이가 쓴 일기를 읽고 밑줄 친 부분을 고쳐 써 봅시다.

12월 10일 금요일   날씨: 어제보다 더 춥다.

제목: 스케이트

오랜만에 스케이트를 타러 갔다. 날씨가 추웠지만 가족 모두 함께 가서 신났다.
나는 아빠 손을 꼭 잡고 스케이트를 탔다. 형은 나보다 스케이트를 더 잘 탄다고
잘난 척하다가 그만 쿵하고 넘어졌다. 그 모습이 너무 웃겼다.
한참 스케이트를 타다가 배가 고팠다. 형이
"아빠, ㉠우리가 호떡을 사 올게요."
하고 말했다. 호떡과 어묵은 정말 꿀맛이었다.
집으로 돌아오는 길에
"아빠, 저는 ㉡저희 나라를 대표하는 스케이트 선수가 될 거예요."
라고 말했다. ㉢저희 가족은 정말 화목한 것 같다.

㉠우리   ㉡저희 나라   ㉢저희
→   →   →

-로서 / -로써

★ '−로서'와 '−로써'가 어떤 차이가 있는지 생각하며 글과 그림을 살펴봅시다.

−로서
'−로서'는 지위나 자격을 나타낼 때 사용해요. 예를 들어 '엄마로서', '친구로서'와 같이 사용합니다.

−로써
'−로써'는 어떤 물건의 재료, 원료, 수단, 도구를 나타낼 때 사용합니다. 또 시간을 나타내는 말에도 사용합니다. 예를 들어 '쌀로써 떡을 만듭니다, 학교를 세운 지 올해로써 30년이 됩니다.'와 같이 사용합니다.

1. 준호가 도서관에 갈 수 있게 문장에 알맞은 낱말을 따라가 봅시다.

2. 문장에 알맞은 낱말을 골라 ◯표를 해 봅시다.

3. 준호가 엄마께 쓴 편지를 읽고 밑줄 친 부분을 고쳐 써 봅시다.

사랑하는 엄마께

엄마! 제가 컴퓨터 게임만 해서 무척 속상하셨지요?
저 때문에 걱정하시는 거 잘 알고 있어요.
늘 ㉠엄마로써 최선을 다해 맛있는 음식도 해 주시고,
예쁜 옷도 사 주시는 우리 엄마. 늘 감사해요.
엄마, 저도 엄마 말씀대로 게임을 줄이도록 노력할게요.
그러니 제가 잘못했을 때는 무조건 화만 내시지 말고
대화와 ㉡충고로서 문제를 해결해 주셨으면 좋겠어요.
엄마, 사랑해요.

진호 올림

㉠엄마로써   ㉡충고로서

→   →

글쓰기에 필요한 맞춤법 1

대로 / 데로

★ '대로'와 '데로'가 어떤 차이가 있는지 생각하며 글과 그림을 살펴봅시다.

대로
'대로'는 어떤 상태나 모양과 같이, 또는 어떤 상태나 행동이 나타나는 즉시라는 뜻을 가지고 있어요.

데로
'데로'는 '데'라는 낱말에 '-로'라는 조사가 붙은 경우입니다. '데'는 '곳, 장소, 어떤 일, 것, 경우'를 대신해 사용하지요.

1. 빈칸에 들어갈 알맞은 낱말을 골라 문장을 완성해 봅시다.

	학교가 끝나는 ☐☐ 학원에 가야 하다니, 너무 힘들어.	대로 / 데로
	배가 고프니 맛있는 음식 파는 ☐☐ 가요.	대로 / 데로
	집에 도착하는 ☐☐ 전화해 줘.	대로 / 데로

98

2. [보기] 에서 알맞은 낱말을 골라 빈칸에 써 봅시다.

[보기] 대로   데로

그림을 보고 생각나는 [ ] 이야기해 보세요.

흙을 만졌으면 집에 오는 [ ] 손을 씻어야지.

물은 높은 데서 낮은 [ ] 흐른다.

모래놀이 이제 재미없어. 다른 [ ] 가서 놀자.

3. 혜영이가 쓴 일기를 읽고 밑줄 친 부분을 바르게 고쳐 써 봅시다.

10월 27일 화요일   날씨: 푸른 하늘이 너무 예쁜 날

제목: 우리 엄마는 못 말려!

우리 엄마는 잔소리를 많이 한다.
"학교에서 돌아오는 ㉠데로 숙제부터 해야지."
"밥을 먹는 ㉡데로 양치질을 해야지."
그런데 오늘은 엄마가 웃기만 했다.
"혜영아, 오늘 우리 좋은 ㉢대로 놀러가자."
그리고 엄마의 기분이 좋아서일까? 오늘은 잔소리도 적어졌다.
우리 엄마가 매일 이랬으면 좋겠다.

㉠데로 →   ㉡데로 →   ㉢대로 →

거야, -고요, -게 / -걸

★ 파란색으로 쓴 낱말을 자세히 살펴보며 글을 읽어 봅시다.

공부를 열심히 할 거야.

거야
사람과 이야기를 나눌 때 '것이야'를 줄여 '거야'라고 말해요. '공부를 열심히 할 꺼야.'처럼 '꺼야'라고 쓰면 안 돼요. '거야'라고 써야 해요.

어제 본 영화는 정말 재미있더라고요.

-고요
대화를 할 때 '어제 본 영화는 정말 재미있더라구요.'라고 말하지만, 글을 쓸 때에는 '어제 본 영화는 정말 재미있더라고요.'로 써야 해요.

내가 할게.   내가 할걸.

-게 / -걸
'내가 할께.'가 아니라 '내가 할게.', '내가 할껄.'이 아니라 '내가 할걸.'이라고 써야 합니다.

1. 새연이가 공원에 가서 운동을 할 수 있게 길을 찾아봅시다.

2. 문장에 알맞은 낱말을 골라 ○표를 해 봅시다.

3. 새연이가 쓴 독서감상문을 읽고 밑줄 친 부분을 바르게 고쳐 써 봅시다.

제목: 착한 흥부와 욕심쟁이 놀부

'흥부와 놀부' 속에는 재미있는 장면이 많았다. 흥부가 다리가 부러진 제비를 보고
"제비야, ㉠도와줄께."
말하며 치료해 주는 장면에서 흥부의 착한 마음을 느낄 수 있었다.
흥부가 박에서 나온 재물로 부자가 된 후, 찾아온 놀부에게
"박에서 쌀도 ㉡나왔구요, 비단도 나왔어요."
라고 말하는 장면에서는 흥부가 재산을 놀부에게 빼앗길까 봐 조마조마했다.

㉠도와줄께

→

㉡나왔구요

→

1. 바르게 쓴 문장에는 ○표를, 잘못 쓴 문장에는 ×표를 해 봅시다.

    1) <u>저희 나라</u>의 꽃은 무궁화입니다.   ☐

    2) 엄마를 도와 심부름을 열심히 <u>할 꺼야</u>.   ☐

    3) 친구야, 이건 내가 <u>할게</u>.   ☐

★ 지수가 학급 회장 선거에 나갔어요. 이야기를 읽고 물음에 답해 봅시다. [2~3]

> 안녕하세요? 저는 여러분의 친구 신지수입니다.
> 제가 회장 선거에 나온 이유는 회장이 되어 ㉠<u>저희</u> 학교와
> 반을 위해 봉사하고 싶기 때문입니다.
> 저는 뽑아 주신다면 첫째, ㉡<u>학급회장으로써</u> 학급의
> 어려운 일에 앞장서겠습니다.
> 둘째, 여러분의 이야기에 귀 기울이는 회장이 되겠습니다.
> 제가 학급회장이 된다면 우리 반을 좋은 반으로 만들기
> 위해 최선을 다할 것입니다.
> 제가 ㉢<u>약속한 데로</u> 행동하는지 지켜봐 주세요. 감사합니다.

2. 위의 글에서 밑줄 친 ㉠을 바르게 고쳐 써 봅시다.

> 회장이 되어 ㉠ _____ 학교와 반을 위해 봉사하고 싶기 때문입니다.

3. 위의 글에서 밑줄 친 ㉡과 ㉢을 바르게 고쳐 써 봅시다.

    ㉡학급회장으로써 → _____

    ㉢약속한 데로 → _____

글쓰기에 필요한 맞춤법 2

 '어제는 한글날이였다.' 과연 맞는 표현일까요? 틀린 표현입니다. '어제는 한글날이었다.'라고 써야 해요. '나는 커서 소방관이 되고 싶어요.' 이 표현은 어떤가요? 맞는 표현입니다. 우리가 글을 쓸 때 자주 사용하는 말들을 정확하게 표현하기 위해 차근차근 공부해 봅시다.

않 / 안

★ '않'과 '안'이 어떤 차이가 있는지 생각하며 글과 그림을 살펴봅시다.

아이가 밥을 먹지 않는다.　　　　　　　　　　　아이가 밥을 안 먹는다.

않 / 안

'않'은 '아니 하'를 줄인 말이고, '안'은 '아니'를 줄인 말이에요. 이 둘을 어떻게 구분해서 써야 할까요?

'아니'나 '아니 하'를 넣어보면 알 수 있어요.

① 아이가 밥을 먹지 아니 하였다. → 아이가 밥을 먹지 않는다. ('아니 하'가 들어가기 때문에 '않는다'로 써요.)

② 아이가 밥을 아니 먹는다. → 아이가 밥을 안 먹는다. ('아니'가 들어가기 때문이 '안 먹는다'로 써요.)

'안'을 쓸 때 주의할 점이 있어요! '안 먹는다'와 같이 '안'을 쓰고 나서 띄어쓰기 하는 것 잊지 마세요.

1. 빈 곳에 알맞은 받침을 써넣고, 받침이 같은 것끼리 선으로 이어 봅시다.

숙제를 하지
아□았다.　　·

　　·　어이가 없어 말이
아□ 나온다.

숙제를
아□ 했다.　　·

　　·　한 번도 사용하지
아□은 수건.

2. 문장에 알맞은 낱말을 골라 ○표를 해 봅시다.

3. 건우가 쓴 일기를 읽고 밑줄 친 부분을 고쳐 써 봅시다.

9월 28일 수요일　　　　　　　　　　날씨: 구름 사이로 반가운 햇빛이 보인 날.

제목: 나를 조마조마하게 만든 날씨

어제 일기 예보를 보았다. 또 비가 온다고 했다. ㉠않 좋은 소식이었다.
나는 일기 예보를 보며 '내일은 정말 비가 오지 ㉡안았으면 좋겠다.'
하고 생각했다. 왜냐하면 현장 체험 학습이 있기 때문이었다.
아침에 일어나 보니 하늘이 우중충했다.

그런데 구름 사이로 햇살이 보였다.
"우와! 비가 오지 ㉢안는다."
현장 체험 학습을 갈 수 있어 너무 기뻤다.

㉠않 좋은　　　　　　　　㉡안았으면　　　　　　　　㉢안는다

$\rightarrow$　　　　　　　　　　$\rightarrow$　　　　　　　　　　$\rightarrow$

-던지 / -든지

★ '-던지'와 '-든지'가 어떤 차이가 있는지 생각하며 글과 그림을 살펴봅시다.

-던지
할머니께서 어렸을 때 겨울이 매우 추웠다는 말씀을 하시네요. 이럴 때 '던지'를 사용해요. 이렇게 '던지'는 뒤에 오는 문장의 사실이나 판단에 연관되어 쓰여요.

-든지
'든지'는 여러 개 중에서 어느 것이든 선택할 수 있을 때 사용해요. 예를 들어 사과나 배기 모두 좋을 때 '사과든지 배든지 다 좋아요.'라고 말할 수 있어요.

1. 문장에 알맞은 낱말을 골라 따라 써 봅시다.

얼마나 덥 | 던지 / 든지 | 땀이 비 오듯 쏟아졌어요.

갈비를 먹 | 던지 / 든지 | 삼겹살을 먹 | 던지 / 든지 | 상관 없어요.

2. 문장에 알맞은 낱말을 골라 ○표를 해 봅시다.

동생이 얼마나
찬 음료수를 많이
마셨던지   마셨든지
배탈이 날까 봐
걱정이 되었어요.

공부를 하던지   하든지
놀던지   놀든지
네 마음대로 해.

궁궐이 얼마나
넓던지   넓든지
다 돌아보지도 못했어.

3. 수미가 개미를 관찰하고 쓴 글을 읽고 밑줄 친 부분을 고쳐 봅시다.

4월 28일

마당에서 개미를 보았다. 개미는 까맣고 작았고 머리에는
2개의 더듬이가 달려 있었다. 개미의 몸은 머리와 가슴, 배가
잘 구분되었다. 또 개미의 다리는 모두 6개였다.
마당에서 본 개미는 커다란 과자 조각을 옮기고 있었다. 어찌나 힘이 ㉠세든지,
큰 과자 조각도 쉽게 옮기는 것 같았다.
개미에 대해 백과사전을 찾아보니, 개미는 ㉡과일이던지
작은 ㉢곤충이던지 가리지 않고 먹는다고 했다.

㉠세든지
→

㉡과일이던지
→

㉢곤충이던지
→

되- / 돼-

★ '되-'와 '돼-'의 차이점을 생각하며 글과 그림을 살펴봅시다.

얼음이 물이 되다.

되-
얼음이 물로 바뀌었네요. 이럴 때 '얼음이 물이 되다.'라고 말해요. 이처럼 다른 것으로 변하거나 바뀔 때, 어떤 일이 이루어졌을 때 '되다'라고 써요.

오늘따라 공부가 잘 돼요.

돼-
'돼'는 '되어'를 줄인 말입니다. '되어라'를 줄여 '돼라', '되었다'를 줄여 '됐다'라고 써요. '되어'를 넣었을 때 뜻이 잘 통한다면 '돼'로 줄여 쓰면 됩니다.

1. 철이가 혜진이에게 사과를 하러 가도록 길을 찾아가 봅시다.

2. 문장에 알맞은 낱말을 골라 ○표를 해 봅시다.

3. 혜진이가 쓴 독서감상문을 읽고 밑줄 친 부분을 바르게 고쳐 써 봅시다.

제목: 사람이 ㉠됀 곰

우리나라에 가장 오래전에 세워졌다고 알려진 나라, 고조선. 이 고조선을 세운 단군에
대해 알고 싶어 이 책을 읽게 되었다.
너무 인간이 되고 싶은 곰과 호랑이가 환웅을 찾아갔다. 환웅은 쑥과 마늘을 100일 동안
먹으면 인간이 ㉡됄 수 있다고 알려 주었다. 정말 마늘과 쑥을 먹으면 곰이 사람이 될까?
곰은 열심히 마늘과 쑥을 먹고 100일 동안 견뎌서 예쁜 여자가 되어 환웅과 결혼을
했다. 그리고 단군을 낳았다. 그런데 호랑이는 참지 못해 그만 사람이 되지 못했다.
호랑이가 너무 안타까웠다.
우리나라의 다른 신화도 찾아서 읽어 보고 싶다.

㉠됀   ㉡됄
→   →

109

-예요 / -이에요, -였다 / -이었다

★ '–예요', '–이에요'가 어떤 차이가 있는지 생각하며 글과 그림을 살펴봅시다.

제 이름은 박선영이에요. (○)
제 이름은 박선영이예요. (✕)
제 이름은 박선영예요. (✕)

–예요/ –이에요
'예요'는 '이에요'를 줄인 말이에요. 그래서 '이예요'라고 쓰면 안 돼요. 받침이 있는 말 뒤에는 '이에요.'를 쓰고, 받침이 없는 말 뒤에는 '예요'를 써요.

★ '였다', '이었다'가 어떤 차이가 있는지 생각하며 글과 그림을 살펴봅시다.

우리 오빠도 푸른초등학교
학생이었다. (○)
우리 오빠도 푸른초등학교
학생이였다. (✕)

–였다 / –이었다
'이었다'를 줄여서 '였다'라고 쓸 수 있어요. '학생이였다.'라고 쓰면 안 되고, '학생이었다.'로 써야 해요. '민들레였다.'처럼 받침이 없는 말 뒤에 줄여서 '였다'로 쓸 수 있어요.

1. 길을 따라가 보고, 문장을 바르게 쓴 친구를 찾아 ○표를 해 봅시다.

| 그 사람은 정말 천재였다. | 내 친구가 한 말은 모두 거짓말이였다. | 이것은 제 지우개에요. | 오늘은 제 생일이예요. |

2. 문장에 알맞은 낱말을 골라 ○표를 해 봅시다.

참외는
과일 이에요 이예요 ?

참외는 과일이 아니라
채소 에요 예요 .

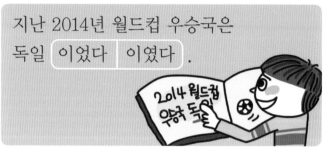

지난 2014년 월드컵 우승국은
독일 이었다 이였다 .

노란 꽃은 바로 민들레 였다 었다 .

3. 이야기를 읽고 밑줄 친 부분을 바르게 고쳐 써 봅시다.

제목: 한밤중에 '똑똑'

토끼가 잠을 자려고 방에 누웠다. 그런데 어디선가 '똑똑'하는 소리가 들렸다.
토끼는 깜짝 놀랐다. 방 밖에 누가 온 것이라 생각해서
"누구세요?"
하고 물었다. 아무 대답이 없었다. 그러나 또 '똑똑' 소리가 들렸다.
토끼는 무서워서 잠이 오지 않았다. 그래서 엄마께 달려갔다.
"엄마, 똑똑 소리가 나는데 무슨 ㉠소리에요? 너무 무서워요."
엄마와 함께 집 안을 살펴보니, 범인은 바로 ㉡수돗물이였다.
'똑똑' 소리는 수도꼭지를 잘 잠그지 않아서 나는 ㉢소리었다.
토끼는 비로소 안심하고 잠을 잘 수 있었다.

㉠소리에요   ㉡수돗물이였다   ㉢소리었다
→ _____   → _____   → _____

1. 문장에 알맞은 낱말을 골라 ○표를 해 봅시다.

　　1) 비가 적당히 와서 농사가 잘 | 되겠어　돼겠어 | .

　　2) 나는 절대 사과하지 | 안을 거야　않을 거야 | .

2. 바르게 쓴 문장에는 ○표를, 잘못 쓴 문장에는 ×표를 해 봅시다.

　　1) 배달 온 물건은 전기밥솥이였다. □

　　2) 내 동생은 장난꾸러기예요. □

　　3) 얼마나 귀엽던지 깨물어 주고 싶었다. □

★ 수정이가 동영상을 보고 쓴 글을 읽고 물음에 답해 봅시다.

　　제목: 소중한 지구를 우리 함께 지켜요

　　학교에서 북극곰에 대한 동영상을 보았다. 온실가스로 인해 지구가 점점 더워져서 북극의 얼음이 녹고 있었다. 얼음이 없어져 먹이를 구하지 못하는 북극곰을 보니 무척 미안했다. 이대로 두면 북극곰이 모두 사라져 버릴 수도 있겠다고 생각했다. 지구가 점점 더워지는 것을 막으려면 온실가스를 줄여야 한다.
　　온실가스를 줄이기 위해서는 에너지를 절약해야 한다. 먼저, ㉠안 쓰는 전기 플러그는 꼭 뽑고, 필요 없는 전등도 꼭 꺼야 한다. 선생님께서는
　　"우리 반에서도 작은 것부터 실천할 ㉡거에요."
　　라고 말씀하셨다. 이런 작은 실천이 모여 북극곰에게 큰 힘이 ㉢돼었으면 좋겠다.

3. 위의 글에서 밑줄 친 낱말을 바르게 고쳐 써 봅시다.

　　㉠안 쓰는　　　　　㉡거에요　　　　　㉢돼었으면
　　→　　　　　　　　→　　　　　　　　→

우리말 맞춤법 작은 사전

- 앞서 배운 내용에 더하여 아이들이 자주 틀리는 맞춤법을 실었습니다.
- 쉽게 설명하여 바로 이해하고 올바른 우리말 습관을 기를 수 있습니다.

- 베개를 깨끗이 빨았다. (○)
- 배개를 깨끗이 빨았다. (×)

베개

잠을 자거나 누울 때에 머리를 괴는 물건이에요.
예) 베개를 베다.

- 아지랑이가 피어오른다. (○)
- 아지랭이가 피어오른다. (×)

아지랑이

주로 봄날 햇빛이 강하게 쬘 때 공기가 공중에서 아른아른 움직이는 현상이에요.
예) 아지랑이가 아물아물 피어오르다.

- 김치를 담궈 주세요. (×)
- 김치를 담가 주세요. (○)

담그다

김치·술·장·젓갈 등의 재료를 버무리거나 물을 부어서, 익거나 삭도록 그릇에 넣어 두는 걸 말해요.
예) 김치를 담그다, 매실주를 담그다, 된장을 담그다.

- 갯수가 모자라. (×)
- 개수가 모자라. (○)

개수

한 개씩 셀 수 있는 물건의 수를 뜻해요. 합성어로 볼 수 있는 두 음절 한자어에만 사이시옷을 넣는데, 개수는 합성어가 아니므로 사이시옷을 넣지 않아요.
예) 개수를 세다.

- 메밀국수 주세요. (○)
- 모밀국수 주세요. (×)

메밀국수

메밀가루로 만든 국수입니다. '모밀'은 옛날에 쓰이던 말이고 표준어는 '메밀'이에요.
예) 시원하게 메밀국수 먹자.

- 영주는 새침데기야. (○)
- 영주는 새침떼기야. (×)

-데기

앞의 말에 붙어 '그와 관련된 일을 하거나 그런 성질을 가진 사람'의 뜻을 더하는 말이에요.
예) 부엌데기, 새침데기, 소박데기

- 눈꼽이나 좀 떼라.(×)
- 눈곱이나 좀 떼라.(○)

눈곱

눈에서 나오는 진득진득한 액, 또는 그것이 말라붙은 것이에요. [눈꼽]으로 발음되다 보니 많이 틀린답니다.
예) 눈곱이 끼다.

- 병원에 들렀다 왔어.(○)
- 병원에 들렸다 왔어.(×)

들르다

지나가는 길에 잠깐 들어가 머무른다는 뜻이에요. '들르-' 뒤에 '-어'가 붙으면 '들러'가 된답니다.
예) 가게에 들러서 과일 좀 사 오렴.

- 창피해 죽겠어.(○)
- 챙피해 죽겠어.(×)

창피하다

체면이 깎이는 일이나 아니꼬운 일을 당해 부끄러운 것을 말해요.
예) 더하기도 틀리다니 창피하지 않니?

- 깨방정 좀 떨지 마.(×)
- 개방정 좀 떨지 마.(○)

개방정

온갖 점잖지 못한 말이나 행동을 낮잡아 말할 때 쓰는 말이에요.
예) 개방정을 떨었다.

- 잘났다고 으시대는 녀석.(×)
- 잘났다고 으스대는 녀석.(○)

으스대다

어울리지 않게 우쭐거리며 뽐내는 모습을 말해요.
예) 자기 아버지가 부자라고 으스대곤 했다.

- 모레 여기서 봬요.(○)
- 모레 여기서 뵈요.(×)

뵈다

'뵈다'가 '뵈어' 또는 '봬'가 되므로, 뒤에 '-요'가 붙으면 '뵈어요.' 또는 '봬요.'가 된답니다.
예) 점심 먹고 운동장에서 봬요.

- 여기 자장면 곱빼기 하나요.(○)
- 여기 자장면 곱배기 하나요.(×)

곱빼기

음식에서 두 그릇의 몫을 한 그릇에 담은 분량을 가리켜요.

예) 영수는 자장면을 곱빼기로 시켜 먹었다.

- 어쨋든 만나서 결정하자.(×)
- 어쨌든 만나서 결정하자.(○)

어쨌든

'어찌하였든'이 줄어들어 '어쨌든'으로 씁니다. 받침을 잘 기억하세요.

예) 어쨌든 용서해 주시니 고맙습니다.

- 넙적다리에 점이 있어.(×)
- 넓적다리에 점이 있어.(○)

넓적하다

펀펀하고 얇으면서 꽤 넓다는 뜻이에요.

예) 넓적한 그릇에 담아라.

- 설거지를 도와드렸다.(○)
- 설겆이를 도와드렸다.(×)

설거지

먹고 난 뒤의 그릇을 씻어 정리하는 일이에요.

예) 명절에는 설거지 거리가 많다.

- 또 싫증 났어?(○)
- 또 실증 났어?(×)

싫증

싫은 생각이나 느낌. 또는 그런 반응을 말해요. '실증'은 실제로 증명한다는 뜻이니 헷갈리지 마세요.

예) 피아노 치기 싫증 난다.

- 돌맹이를 가져 와.(×)
- 돌멩이를 가져 와.(○)

돌멩이

돌덩이보다 작은 돌을 말해요. 'ㅐ'와 'ㅔ'를 헷갈리지 않도록 주의하세요.

예) 유리창에 돌멩이를 던졌다.

- 나 요즘 빈털터리야.(○)
- 나 요즘 빈털털이야.(×)

빈털터리

재산을 다 날리고 아무것도 없는 가난뱅이가 된 사람이에요.

예) 용돈을 다 써서 빈털터리가 되다.

- 휴계소에서 우동 먹어요.(×)
- 휴게소에서 우동 먹어요.(○)

휴게소

길을 가는 사람들이 잠깐 쉴 수 있도록 마련한 장소 예요. 'ㅔ'와 'ㅖ'를 헷갈리지 않도록 주의하세요.

예) 고속도로 휴게소에서 만나자.

- 이 일을 어떻해.(×)
- 이 일을 어떡해.(○)

어떡해

'무엇을 어찌하게 해'라는 뜻으로 '어떻게 해'라고도 쓸 수 있어요. '어떻해'는 아예 쓰지 못하는 말이니 꼭 기억하세요.

예) 선생님께 말을 못하면 어떡해.

- 헝겊을 모아 만든 이불이야.(○)
- 헝겁을 모아 만든 이불이야.(×)

헝겊

천 조각을 말해요. 'ㅍ'과 'ㅂ' 받침을 헷갈리지 않도록 주의하세요.

예) 남은 헝겊을 모아 보자기를 만들었어.

- 맞춤법 딥다 어려워.(○)
- 맞춤법 대따 어려워.(×)

딥다, 들입다

'들입다'는 '세차게 마구'라는 뜻이에요. '딥다'는 '들입다'의 줄인말이고요.

예) 달리기 하느라 딥다 고생만 했네.

- 넌 개미와 배짱이도 안 읽었냐?(×)
- 넌 개미와 베짱이도 안 읽었냐?(○)

베짱이

베짱이는 여치과의 곤충 이름이에요. 조금도 굽히지 않고 버텨 나가는 성품이나 태도를 뜻하는 '배짱'과 헷갈리니 잘 살펴 쓰세요.

예) 베짱이는 놀기에 바빴지.

- 친구를 많이 사겼다.(×)
- 친구를 많이 사귀었다.(○)

사귀다

서로 얼굴을 익히고 친하게 지내는 것을 사귄다고 해요. '사귀어'는 '사겨'와 많이 헷갈리니 주의하세요.

예) 너랑 진우랑 사귀어?

- 숙제 혼자 할 거에요.(×)
- 숙제 혼자 할 거예요.(○)

거예요

'거예요'에서 '거'는 '것'을 이르는 말이고, '-예요'는 '-이에요'의 줄임말이에요.

예) 잘 될 거예요.

- 그것은 우리의 바램이었어.(×)
- 그것은 우리의 바람이었어.(○)

바람

생각대로 어떤 일이 이루어지기를 원하는 '바라다'에서 나온 말이니 '바람'이 맞는 말이에요.

예) 나의 바람대로 눈이 오면 좋겠다.

- 콩나물 한 웅큼만 가져오렴.(×)
- 콩나물 한 움큼만 가져오렴.(○)

움큼

움큼은 한 손에 움켜쥘 만한 분량을 세는 단위예요.

예) 아이가 사탕을 한 움큼 집었다.

- 설 세고 만나자.(×)
- 설 쇠고 만나자.(○)

쇠다

명절, 생일, 기념일 같은 날을 맞이하여 지내는 것을 '쇠다'라고 해요.

예) 추석 잘 쇠고 오셨어요?

- 또 끼여드는 거냐?(×)
- 또 끼어드는 거냐?(○)

끼어들다

자기 순서나 자리가 아닌 틈 사이를 비집고 들어서는 걸 말해요.

예) 어른 말씀하시는 데 불쑥 끼어들다.

• 가방을 매다.(×)
• 가방을 메다.(○)

매다	메다
끈이나 줄을 풀어지지 않게 마디를 만들어 묶는 걸 말해요. 예) 신발 끈을 매다.	무언가를 어깨에 걸치거나 올려놓는 걸 말해요. 예) 어깨에 배낭을 메다.

• 감자를 졸이다.(×)
• 감자를 조리다.(○)

졸이다	조리다
마음, 가슴 등과 주로 쓰여 속을 태우다시피 초조해하는 걸 뜻해요. 예) 마음을 졸이다.	양념을 한 고기나 생선, 채소 따위를 국물에 넣고 바짝 끓여서 양념이 배어들게 하는 걸 말해요. 예) 생선을 조리다.

• 옷을 다리다.(○)
• 옷을 달이다.(×)

다리다	달이다
옷이나 천의 구김을 펴기 위해 다리미로 문지르는 걸 말해요. 예) 다리미로 다리다.	약재 따위에 물을 붓고 우러나도록 끓이는 걸 말해요. 예) 보약을 달이다.

• 다리가 저리다.(○)
• 다리가 절이다.(×)

저리다	절이다
뼈나 살이 오래 눌려서 감각이 둔하고 아픈 걸 말해요. 예) 쪼그리고 앉았더니 다리가 저리다.	채소나 생선에 소금기나 식초, 설탕 따위가 배어들게 하는 것이에요. 예) 배추 열 포기를 소금에 절이다.

• 넌 방귀장이야.(×)
• 넌 방귀쟁이야.(○)

-장이	-쟁이
앞말과 관련된 기술을 가진 사람이라는 뜻을 더해 주는 말이에요. 예) 간판장이, 양복장이, 옹기장이	앞말이 나타내는 성질을 많이 가진 사람이라는 뜻이에요. 예) 겁쟁이, 고집쟁이, 멋쟁이

• 이야기하다 밤을 새다.(×)
• 이야기하다 밤을 새우다.(○)

새다	새우다
밤이 지나고 날이 밝아 온다는 뜻이에요. 예) 놀다 보니 날이 새는 줄도 몰랐다.	주로 '밤'과 함께 쓰여 한숨도 자지 아니하고 밤을 지낸다는 뜻이에요. 예) 밤 새워 공부했다.

노래를 시키다.(○)	때 부리면 못 써.(×)
노래를 식히다.(×)	떼 부리면 못 써.(○)

시키다	식히다	때	떼
어떤 일이나 행동을 하게 하는 거예요. 예) 청소를 시키다.	더운 기가 없어지게 하는 거예요. 예) 뜨거운 국을 식히다.	피부의 분비물과 먼지 등이 섞인 것을 이르는 말이에요. 예) 다리에 때가 꼈다.	부당한 요구나 청을 들어 달라고 조르는 걸 말해요. 예) 동생이 떼를 부리다.

걸음아, 날 살려라!(○)	교문이 다치다.(×)
거름아, 날 살려라!(×)	교문이 닫히다.(○)

걸음	거름	다치다	닫히다
두 발을 번갈아 옮겨 놓으며 걷는 걸 뜻해요. 예) 빠른 걸음으로 지나갔다.	식물이 잘 자라도록 하기 위해 주는, 땅을 기름지게 하는 물질이에요. 예) 밭에 거름을 뿌리다.	신체에 상처를 입는다는 뜻이에요. 예) 운동장에서 넘어져 무릎을 다치다.	열린 문짝, 뚜껑, 서랍 등이 도로 제자리로 가서 막히는 거예요. 예) 성문이 닫히다.

진수는 맨날 삐진다.(×)	이거 다 부숴 버릴래.(○)
진수는 맨날 삐친다.(○)	이거 다 부셔 버릴래.(×)

삐지다	삐치다	부시다	부수다
칼로 얇고 비스듬하게 잘라 내는 거예요. 예) 김칫국에 무를 삐져 넣다.	화가 나거나 못마땅해서 마음이 토라지는 거예요. 예) 진수야, 삐치지 마.	빛이 강해 마주 보기 어렵다는 뜻이에요. 예) 눈이 부시다.	단단한 물체를 여러 조각으로 깨뜨릴 때 쓰는 말이에요. 예) 호두를 망치로 부숴 먹어라.

미리 보고 개념 잡는 초등

맞춤법

정답

- 초등 맞춤법의 정답이 실려 있습니다.
- 모르는 낱말은 사전을 찾아보거나
  국립국어원 홈페이지 www.korean.go.kr에서 검색해 봅니다.
- 실수한 문제는 반복해서 정확하게 익히도록 합니다.

 **2.**

목	요	일
욕		

3.

악어

4. 악어, 속옷, 목욕, 목요일, 국어, 먹이

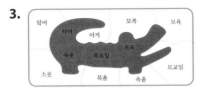 **2.**

3.

4. 1) ~~어름~~이 차가워요. → 얼음

2) ~~노리터~~에서 만나자! → 놀이터

3) 이번 주 ~~이료일~~에 동물원에 갈 거예요.
  → 일요일

4) 우리 ~~하라버지~~는 배가 볼록해요.
  → 할아버지

5) ~~거름~~아, 나 살려라! → 걸음

6) 엄마랑 시장 ~~나드리~~ 가요. → 나들이

14~15쪽 **2.**

3.
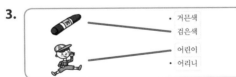

4. 검은색, 글쓴이, 어린이, 더듬이, 선인장,
넘어졌습니다.

16~17쪽 **2.**
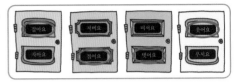

3. 벗어요, 웃어요

4. 1) 접어요 2) 웃어요 3) 벗어요

4) 손잡이, 잡아요 5) 씻어요

18쪽 정리 학습

1.

2. ㉠목욕, ㉡씻어야

3. ①, ③

20~21쪽 **2.** 1) ② 공룡 2) ① 정류장 3) ② 담력

3.

공	룡	,	정	류	장

4.
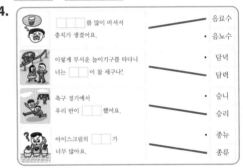

22~23쪽 **2.** ③

3.

설날	설랄

줄럼끼	줄넘기

4. 설날, 난로, 줄넘기, 물놀이, 편리

24~25쪽 **2.**
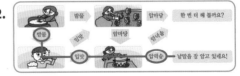

3. 입맛, 앞마당

4. 1) 몸이 아파서 ~~인맛~~이 없다. → 입맛

2) ~~압마당~~에서 뛰어 놀았다. → 앞마당

3) 밥을 할 때 ~~밥물~~을 잘 맞춰야 한다.

       → 밥물

4) 어머니께서 ~~압녁솥~~에 밥을 하셨다.

       → 압력솥

5) 오늘은 새 옷 ~~임는~~ 날 → 입는

6) ~~압문~~으로 입장해 주세요. → 앞문

26~27쪽 **2.**

꽃 또는 네 잎 클로버

3. 식목일, 막내

4. 1) 식물   2) 학년   3) 식목일

     4) 막내   5) 먹는다

28쪽 정리 학습

1. ②

2. ㉠입맛, ㉡학년

3. ④

31쪽 **2.**

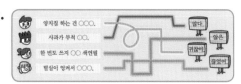

3. 귀찮아도, 끊었다, 많다,

     않아요, 괜찮아, 끊임없이

33쪽 **2.**

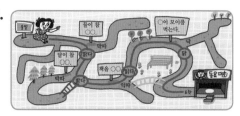

3. 밝아, 맑다, 읽었다, 닭, 찰흙

35쪽 **2.** 1) ②   2) ①   3) ②   4) ②

3. 내 동생은 ~~여덜~~ 살입니다. → 여덟

바다는 정말 ~~넙다~~. → 넓다

실수로 친구의 발을 ~~밥다~~. → 밟다

새끼 발가락은 ~~짭다~~. → 짧다

여름철에는 옷이 ~~얍다~~. → 얇다

색연필로 칠하니 색이 ~~엽다~~. → 엷다

36~37쪽 **2.**

3. 끓어, 싫었다

4. 1) 옳다   2) 싫다   3) 앓았다

     4) 끓었다   5) 뚫었다

38쪽 정리 학습

1.

2. 1) 옳은   2) 앓아서

3. ②

4. ㉢많은, ㉣괜찮아

41쪽 **2.**

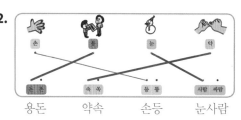

용돈   약속   손등   눈사람

3. 1) 약속   2) 눈사람   3) 용돈

     4) 손등   5) 뺄셈

42~43쪽 **2.**

3.

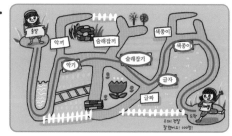

4. 술래잡기, 색종이, 학교, 상장

45쪽 **2.**

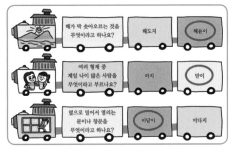

3. 기차를 타고 ~~해도지~~를 보러 갔습니다.
→ 해돋이
내 동생은 ~~구지~~ 고집을 부렸다. → 굳이
내가 그 말을 ~~고지~~ 들을 줄 아니? → 곧이
농부들은 ~~가을거지~~를 하느라 구슬땀을
흘립니다. → 가을걷이

47쪽 **2.** 같이, 닫힌

3. (같이) 가치
→ 우리 같이 공기놀이 하자.
끄치 (끝이)
→ 모든 일에는 끝이 있다.
(굳혔다) 구쳤다
→ 한 골을 더 넣어서 승리를 굳혔다.
다쳤다 (닫혔다)
→ 바람이 불어 창문이 닫혔다.
쌀싸치 (샅샅이)
→ 가방을 샅샅이 뒤졌는데 연필이 없다.
가친 (갇힌)
→ 우리에 갇힌 동물이 무척 불쌍해 보였다.

48쪽 정리 학습

1. 1) ✕   2) ✕   3) ◯
2. ㉠곧이, ㉡같이
3. 리듬 악기, 색종이

53쪽 **1.** (틀려서) 달라서
틀려요 (달라요)
(느립니다) 늘립니다
느리기 위해 (늘리기 위해)
2. 다르게, 틀리지, 느려도, 늘려서

55쪽 **1.** ✕, ◯, ✕, ◯
2. 가리켰다, 가르쳐, 붙어, 부치셨다

57쪽 **1.** (적다) 작다
적다 (작다)
(반듯이) 반드시
반듯이 (반드시)
2. 화장실을 이용하고 난 후에는
~~반듯이~~ 손을 씻어야 합니다. → 반드시
아기의 손바닥이 너무 ~~적다~~. → 작다
우리나라 꽃 무궁화에 대한 관심이 ~~작다~~.
→ 적다
의자에 앉을 때는 허리를
세우고 ~~반드시~~ 앉습니다. → 반듯이

59쪽 **1.** 잃어버려서 (잊어버려서)
(잃어버렸다) 잊어버렸다
맞췄다 (맞혔다)
(맞췄다) 맞혔다
2. 잊어버렸다, 잃어버려서, 맞췄다, 맞혔다

60쪽 정리 학습

1. 희철 / 아버지
2. ㉠, ㉣
3. ㉡가르치고, ㉢잃어버려서

63쪽 **1.**

아기를 낳다
오늘은 기온이 낮다
난 여름보단 겨울이 낫다
감기가 잘 낫지 않는다.
엄마의 구두 굽이 낮다
우리나라가 낳은 천재 과학자

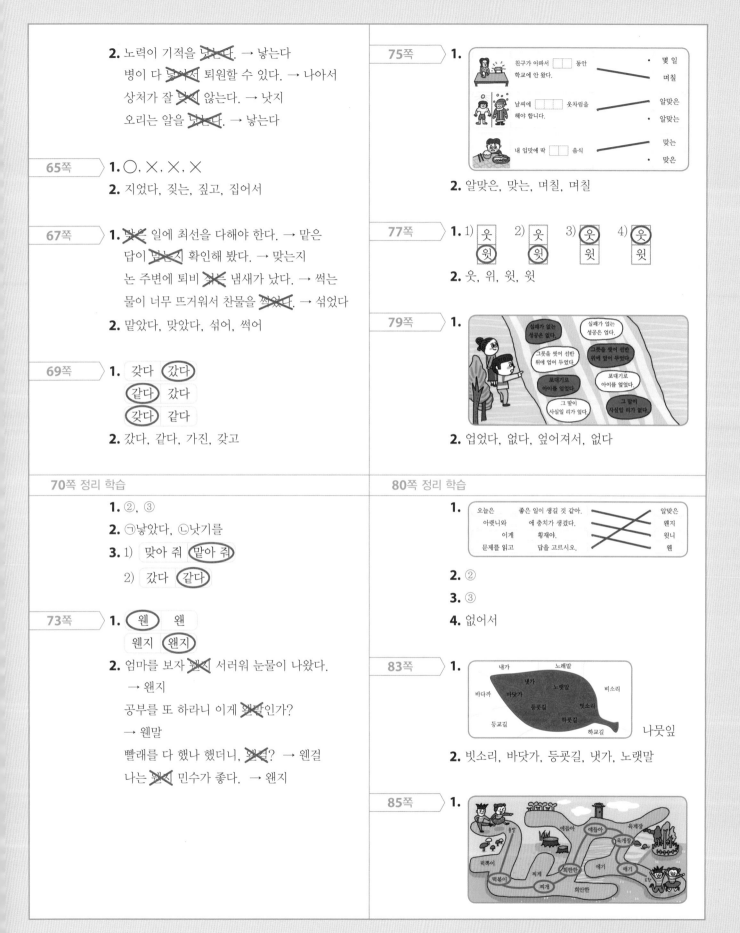

2. 노력이 기적을 ~~낫는다~~. → 낳는다
병이 다 ~~낳아서~~ 퇴원할 수 있다. → 나아서
상처가 잘 ~~낮지~~ 않는다. → 낫지
오리는 알을 ~~낫는다~~. → 낳는다

65쪽
1. ○, ×, ×, ×
2. 지었다, 짖는, 짚고, 집어서

67쪽
1. ~~맡은~~ 일에 최선을 다해야 한다. → 맡은
답이 ~~맞는지~~ 확인해 봤다. → 맞는지
논 주변에 퇴비 ~~썩는~~ 냄새가 났다. → 썩는
물이 너무 뜨거워서 찬물을 ~~섞었다~~. → 섞었다
2. 맡았다, 맞았다, 섞어, 썩어

69쪽
1. 갖다 (갔다)
　(같다) 갔다
　(갖다) 같다
2. 갔다, 같다, 가진, 갖고

70쪽 정리 학습
1. ②, ③
2. ㉠낳았다, ㉡낫기를
3. 1) 맞아 줘 (맡아 줘)
　 2) 갔다 (같다)

73쪽
1. (웬) 왠
　웬지 (왠지)
2. 엄마를 보자 ~~왠지~~ 서러워 눈물이 나왔다.
　　→ 왠지
공부를 또 하라니 이게 ~~웬말~~인가?
　　→ 웬말
빨래를 다 했나 했더니, ~~왠걸~~? → 웬걸
나는 ~~웬지~~ 민수가 좋다. → 왠지

75쪽
1.
친구가 아파서 □□ 동안 학교에 안 왔다. ── 몇 일 / 며칠
날씨에 □□ 옷차림을 해야 합니다. ── 알맞은 / 알맞는
내 입맛에 딱 □□ 음식 ── 맞는 / 맞은
2. 알맞은, 맞는, 며칠, 며칠

77쪽
1. 1) (웃) 윗　2) (웃) 윗　3) 웃 (윗)　4) 웃 (윗)
2. 웃, 위, 윗, 윗

79쪽
1.
실패가 없는 성공은 없다.
실패가 없는 성공은 없다.
그릇을 씻어 선반 위에 엎어 두었다.
그릇을 씻어 선반 위에 엎어 두었다.
포대기로 아이를 업었다.
포대기로 아이를 업었다.
그 말이 사실일 리가 없다.
그 말이 사실일 리가 없다.
2. 업었다, 없다, 엎어져서, 없다

80쪽 정리 학습
1.
오늘은 좋은 일이 생길 것 같아. ── 알맞은
아랫니와 예 충치가 생겼다. ── 왠지
이게 횡재야. ── 윗니
문제를 읽고 답을 고르시오. ── 웬
2. ②
3. ③
4. 없어서

83쪽
1. 내가, 노랫말, 냇가, 바닷가, 비소리, 노랫말, 빗소리, 등굣길, 하굣길, 등교길, 학교길　나뭇잎
2. 빗소리, 바닷가, 등굣길, 냇가, 노랫말

85쪽
1.

2. 이 식당의 ~~찌게~~ 는 참 맛있다. → 찌개

벌레를 잡아먹는 풀이 있다니 참 ~~희안하다~~.
→ 희한하다

~~떡복기~~ 는 언제 먹어도 맛있어. → 떡볶이

~~얘들아~~, 맞춤법 공부하자! → 얘들아

87쪽 **1.**

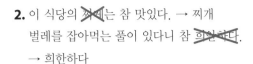

2.

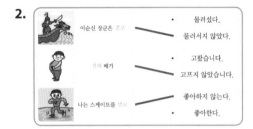

89쪽 **1.** 1) 금새 / ⟮금세⟯   2) ⟮덥석⟯ / 덥썩

3) ⟮비로소⟯ / 비로서   4) ⟮아무튼⟯ / 아뭏튼

2. 금세, 덥석, 비로소, 아무튼

90쪽 정리 학습

1. 1) ✕   2) ◯   3) ✕

2. 1) 바다까 / ⟮바닷가⟯   2) ⟮금세⟯ / 금새

3. ㉠하굣길, ㉡떡볶이, ㉢맵지 않았다.

94~95쪽 **1.**

2. ⟮우리나라⟯ / 저희 나라

저희 / ⟮우리⟯

⟮저희⟯ / 우리

3. ㉠저희, ㉡우리나라, ㉢우리

96~97쪽 **1.**

2. ⟮으로서⟯ / 으로써 , 로서 / ⟮로써⟯

3. ㉠엄마로서, ㉡충고로써

98~99쪽 **1.** ⟮대로⟯ / 대로 / ⟮대로⟯

데로 / ⟮데로⟯ / 데로

2. 대로, 대로, 데로, 데로

3. ㉠대로, ㉡대로, ㉢데로

100~101쪽 **1.**

2. ⟮생각할걸⟯ / 생각할껄

누나라구요 / ⟮누나라고요⟯

할껄 / ⟮할걸⟯

⟮할 거야⟯ / 할 꺼야

3. ㉠도와줄게, ㉡나왔고요

102쪽 정리 학습

1. 1) ✕   2) ✕   3) ◯

2. 우리

3. ㉡학급회장으로서, ㉢약속한 대로

104~105쪽 **1.**

| 숙제를 하지
 안았다. | ✕ | 어이가 없어 말이
 안 나온다. |
| 숙제를
 안 했다. | | 한번도 사용하지
 않은 수건. |

2. 않 **안** / **않았어** 안 았어

안 않 / 안겠어요 **않겠어요**

3. ㉠안 좋은, ㉡않았으면, ㉢않는다

106~107쪽 **1.** 던지, 든지, 든지

2. **마셨던지** 마셨든지

하던지 **하든지** / 놀던지 **놀든지**

넓던지 넓든지

3. ㉠세던지, ㉡과일이든지, ㉢곤충이든지

108~109쪽 **1.**

2. **되고** 돼고 , 됐어 **됐어**

3. ㉠된, ㉡될

110~111쪽 **1.**

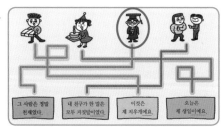

2. **이에요** 이예요 , 에요 **예요**

이었다 이였다 , **였다** 었다

3. ㉠소리예요, ㉡수돗물이었다, ㉢소리였다

112쪽 정리 학습

1. 1) **되겠어** 돼겠어

2) 안을 거야 **않을 거야**

2. 1) ✕   2) ◯   3) ◯

3. ㉠안 쓰는, ㉡거예요, ㉢되었으면

저자 이재승

한국교원대학교와 동대학원 국어교육학과를 졸업(교육학 박사)하고 한국교육과정평가원 연구원 및
대구교육대학교 국어교육과 교수, 대학수학능력시험·외무 고시·교원임용고사 등의 출제 위원을 역임했습니다.
현재 서울교육대학교 국어교육학과 교수로 재직 중이며, 초등학교 국어 교과서 기획 및 집필을 책임지고 있습니다.
지은 책으로 『좋은 국어 수업 어떻게 할 것인가』, 『글쓰기 교육의 원리와 방법』,
『아이들과 함께하는 독서와 글쓰기 교육』 등이 있습니다.

저자 국혜영

서울교육대학교를 졸업하고, 현재 서울 청파초등학교 교사로 근무하고 있습니다.
2010년 교육과학기술부 주관 사이버가정학습 콘텐츠 개발 위원으로 참여하였고,
2009 개정 국어 교과서 집필 위원으로 교과서를 집필하였습니다.
쓰기 교육에 관심이 많아 아이들에게 글쓰기를 다양한 방법으로 가르치고 있습니다.
이재승 교수와 같이 지은 책으로 『미리 보고 개념 잡는 초등 일기 쓰기』가 있습니다.

미리 보고 개념 잡는 초등 맞춤법

펴낸날 2015년 10월 15일 초판 1쇄, 2022년 9월 1일 초판 18쇄
저자 이재승, 국혜영 | 그린이 우연이
펴낸이 신광수 | CS본부장 강윤구 | 출판개발실장 위귀영 | 출판영업실장 백주현 | 디자인실장 손현지
아동콘텐츠개발팀 박재영, 류효정 | 출판디자인팀 최진아 | 표지디자인 솔트앤페퍼 커뮤니케이션 | 저작권 업무 김마이, 이아람
채널영업팀 이용복, 우광일, 김선영, 이채빈, 이강원, 강신구, 박세화, 김종민, 정재욱, 이태영, 전지현
출판영업팀 민현기, 최재용, 신지애, 정슬기, 허성배, 설유상, 정유
CS지원팀 강승훈, 봉대중, 이주연, 이형배, 이우성, 전효정, 이은비, 장현우
펴낸곳 (주)미래엔 | 등록 1950년 11월 1일 제 16-67호 | 주소 서울특별시 서초구 신반포로 321
전화 미래엔 고객센터 1800-8890 | 팩스 541-8249 | 홈페이지 www.mirae-n.com

ISBN 978-89-378-1201-9 63710
ISBN 979-11-6841-076-3 (세트)